JN307084

# 青春を山に賭けて

植村直己

文藝春秋

# 目次

カバー写真撮影　松浦輝夫
地図　高野橋康・精美堂

# 青春の日々

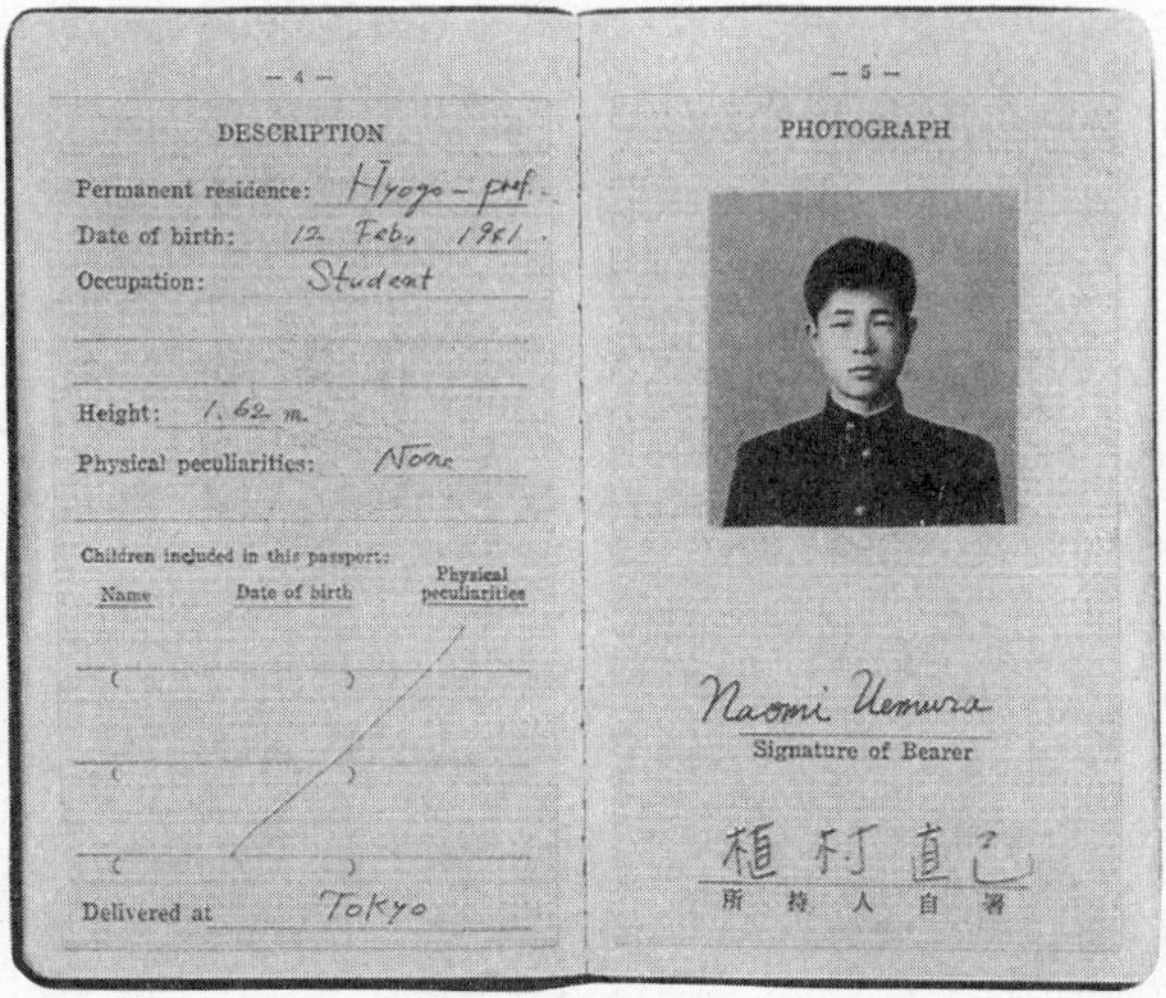
— 4 —

DESCRIPTION

Permanent residence: Hyogo-pref.

Date of birth: 12 Feb, 1941

Occupation: Student

Height: 1.62 m.

Physical peculiarities: None

Children included in this passport:

Name　Date of birth　Physical peculiarities

Delivered at Tokyo

— 5 —

PHOTOGRAPH

Naomi Uemura

Signature of Bearer

植村直己

所持人自署

## わが回想

いやいやながら山登りをはじめて十年目、とうとう世界五大陸の最高峰を全部この足で登ってしまったんだから、われながらビックリする。

しかし、私は「五大陸の最高峰を踏んだ登山家」などといわれるとすごく恥ずかしい。山登りは五年や十年ではまだ初心者、私もほんの新米にすぎないのだ。その私がこんなことになったのは、まったく幸運とまわりの人の協力や友情に恵まれたからである。たぶん、ベテランの人たちは、私の山登りなんか危なっかしくて見ていられなかったろう。私だってはじめっからこんな大それた計画をやるつもりはなかったのだ。

なんとなく地球の上をウロウロしているうちに、モン・ブラン（欧州、四八〇七メートル）、キリマンジャロ（アフリカ、五八九五メートル）、アコンカグア（南米、六九六〇メートル）と三大陸の最高峰に登ってしまった。そして、一九七〇年五月十一日、日本山岳会隊員として、アジア、世界最高のエベレスト（八八四八メートル）頂上に登らせてもらい、そこではじめて〝五大陸〟という意識が浮かんだのにすぎない。そこで私はその八月二十六日、北米大陸最高峰のマッキンリー（六一九一メートル）の単独登頂をやって五大陸の最高峰登頂を完成した。

あれもこれも本当に幸運だった。エベレスト隊では「アニマル植村」などと、もっともらしいあだ名をつけられたけれど、だいたいそれまでの私のあだ名は「ドングリ」だった。ドングリらしく、私はモン・ブランでクレバス（氷河の割れ目）に落っこちた。そこからはいあがっていま生きているのも、こうやって冒険シリーズをまとめているのも幸運にすぎない。

もういちどいわせてもらうが、本当にこれは自慢できるような話ではないのだ。もしこの話に、みなさんが、崇高なアルピニズムの真髄といったようなものを求めているとしたら、先にあやまってしまうが、私は失格に決まっている。

兵庫県の日本海側に位置し、円山《まるやま》川の流れる国府村（現・豊岡市日高町）。私は、その山村の農家に生まれ、高等学校は隣市にある県立豊岡高校に通った。

家では米作のほかワラを加工して縄を作り、神戸や大阪地方に売っていた。大人だけでは人手がたりず、小学生のころは、牛飼いや畑の草とり、ワラのそぎ取りを手伝わなければならなかった。

中学のときバレー部に入ったのもその手伝いがいやだったからだ。放課後練習があるので家の手伝いなどできない、というわけだ。しかし、高校のときはクラブ活動をやる勇気もなく、そうかといって勉強も満足にせず、学校の反乱分子のようになってよくいたずらをした。学校の中庭にあった生簀《いけす》のコイをつかまえてストーブで焼いて食べたり、ストーブにゾウキンをつめて煙突をふさぎ、教室を煙だらけにして授業を中止させたりしたものだった。

明治大学農学部農産製造学科に入ったのも家の農業のためになどというものではない。志望者が少なくて、入学が比較的簡単だったからである。もっとも、私が無一文のうえ、アチラの言葉もよくしゃべれないのにアメリカに行ったとき、この妙な学問は農場に仕事を見つけるのに多少役立った。

大学に入っても自分の将来にはっきりした目標があるわけではなかった。しかし、大学生活を有意義に過ごすために、大学のクラブ活動をやろうぐらいの気はおきた。ただ、自分には文化サークルや音楽グループに入れる才能はなし、運動部となると、みんな高校のときからバリバリやった連中ばかりで、どこにも所属できそうな部がなかった。

そこで、入学式も終わり、ガイダンスがはじまろうというとき、ふと思いついたのが山岳部だ。山岳部なら緑のみられない都会の雑踏からのがれられ、自然の中で、山にも登れる。またテントで一緒に生活することによって、おなじカマのメシを食えば、友だちを得ることもできるだろう。

私は保証人の赤木正雄さんのところへ行って相談した。子供のころ赤木さんとは家が隣同士で、息子の健一さんとは遊び友だちだった。その健一さんは慶大に行って、東京六大学野球リーグの首位打者になり、プロ野球の〝国鉄スワローズ〟(現在の東京ヤクルトスワローズ）にもいたからご存知の方も多いだろう。

赤木さんは、

「登山には遭難があるからなんともいえないが、部活動は友人も先輩もでき、体の鍛練にもなり、有意義なことだ」

といってくれた。

山岳部に入るといっても、中・高時代に山に登ったわけではない。確か豊岡高校にも山岳部があったが、どんな活動をしていたか知らない。高校一年生のとき、まだ頂上近辺に残雪のある一〇〇〇メートルそこそこの蘇武岳《そぶ》（兵庫県、一〇七四メートル）に息をきらし、クラスメイトと競争して登ったことがあった。雪をガブガブ食べ、舌を荒らしたのを覚えている。

しかし、富士山こそ知ってはいるものの、日本アルプスがどこにあって、そこにはどんな峰がそびえているのかなんてまったく無頓着だった。これで大学の山岳部に入ろうと思い立ったのであるから、考えてみると無茶な話だ。

とにかく、山岳部なるものをのぞいてみよう、入部する前に山岳部の活動内容をよく調べ、よく考えたうえで決心しようと、私は駿河台の校舎の地下にある部室のドアをノックした。

部室は天井の低い、八畳ぐらいのすすけた部屋だった。壁には部員の名札が掛けてあり、どこか知らないが雪山の写真が二枚ばかり。部屋の中央に飯場にあるような長机が置いてある。いやはや、山岳部とはなんときたないところだ。

ちょうど部員が二十人ばかりトレーニングから帰って、部屋の中で素っ裸になって着がえているところだった。そのうち、奥にいた上級生らしい部員にベランダに呼出された。

「われわれは、君の経験の有無は問わない。ここに入ってきている部員は、みんな君同様に山の素人ばかりだ。想像したまえ、冷たい雪の中、吹雪、嵐と闘って目的をひとつにして、みんなが力を合わせ登ることを……。お互いが信頼し合い、ザイルで命と命を結ぶ。狭いテントの中で寝起きをともにし、同じカマのメシを食い、お互いに助けあっていく。われわれ部員は、兄弟のような愛で結ばれている。この山岳部に入ってきた新人はだれでも、経験によって差別されることなく、山の基本の歩き方から教わってゆく。かえって君のような初心者の方が上達がずっと速い」

自分もそうだったのだと、その上級生の言葉は自信に満ち、一語一語に自分の肌で感じた体験がにじみ出ているようで、私の胸をうった。この上級生にすがっていれば、きっと私の求めている有意義な学生生活ができるだろうと、そのとき直感した。

「三日後に北アルプスの白馬《しろうま》で、新人を対象にした歓迎山行合宿をやる。君も参加してみないか」

ところが、その〝白馬〟とやらがどこにあって、どんな山なのか私はまるっきり知らなかった。

「いや、きょうは、山岳部とはどんな部なのか尋ねにきただけなんです。入部の決心はまだ……」

といいかけたが、その先輩は、

「心配いらん、装備はみんな先輩が貸してやる」

といって、他の部員を呼びつけ、部室の中から靴下と登山靴を持ってこさせた。そして、かかとに穴のあいた、しょぼくれた厚い毛の靴下と、底のすりへった登山靴をはかされた。

「オー、君にぴったりじゃないか。ズボンやシャツはあすオレが持ってくる。ザックとピッケルは部室にある。地図はそんなに高くないから買った方がいい……」

まだ私の決心もつかないのにすっかり上級生ペースで話が進み、白馬新人歓迎山行の準備会では、

「きょうまた、われわれの同僚が一人増えました。植村直己君です。上級生はよく面倒を見てやって下さい」

と紹介されるハメになった。ペテンにかかったようだが、もうどうしようもない。

こうして私は明大山岳部員になった、というよりはさせられたのだ。保証人の赤木さんは、

「いったん決めたことはやりぬきなさい」

とおっしゃった。

## 涙でうたった新人哀歌

新人歓迎山行は、四月の下旬から五月上旬の一週間だった。

汽車を中央線の信濃四谷駅（現・白馬駅）でおり、バスで細野へ進んだ。はじめて見るアルプスの連山は雪を残し、岩と雪のノコギリのようなするどい峰々がそびえていた。車窓から信濃の景色を見ているうちはまだ楽しかった。

一行は、新人は空身《からみ》で、上級生はでかいザックを背負い、八方尾根にある山岳部の小屋に入った。小屋の裏には、白馬岳、杓子岳《しゃくし》、鑓《やり》ヶ岳の白馬三山がそびえ、登るにつれて信濃の山間《やまあい》の田んぼが見わたせる。シマ模様に残雪がある尾根の端にたおれかかったすすけた小屋……。また、「入部歓迎」の酒席も楽しかった。

山岳部に入ってよかったと思ったのはつかの間、翌日の白馬山行がはじまると、私の胸は後悔でうちひしがれた。新人は三、四十キロのザックを背負わされ、上級生のかけ声とともに登山が開始されたのだ。細野から二股を経て猿倉へ。ここは車道があり、登りもゆるやかでまだよかった。私は小さいときから百姓仕事で鍛えている。

しかし、三、四十キロの荷はだんだんこたえてきた。四月末なのに、噴水のように汗がふき出し、顔はもちろん、下着までびっしょり濡れてきた。上級生は一時間もノンストップで歩かせる。かけ声、それにちょっとでも列から遅れようものなら怒号だ。きのうまで山を見て楽しんだのに、もう景色を見る余裕もない。上級生は入部のときは仏だったのにもう鬼だ。怒号に追われて黙々と歩く。二時間、三時間……。雪路にかわったとたん、足を滑らせてひっくり返ると、

「ウエムラ、何をひっくり返る」

「バカもん！」

とどなられる。隊から遅れると、ピッケルの柄でシリを、足を打たれる。上級生は野獣のように恐ろしかった。新人は数十名いたが、その中でいちばん小柄でいちばん弱い私が最初にばてた。そのうえ、雪の上に設営したテントでも、炊事と雑用でくつろぐ暇がなかった。新人はテントのすぐ入口に寝かされ、上級生の靴の雪おとしまでやらねばならなかった。

〽いいぞいいぞと　おだてられ
　死にものぐるいで　きてみれば
　朝から晩まで　飯たきで
　景色なんぞ　夢のうち

その夜、私はダンチョネ節で新人哀歌を教えられ、泣く思いで歌わされた。

雪上のトレーニングは上下、トラバース（横断）と、足が上がらなくなるまでやらされた。〝滑落停止〟では、急斜面を上級生の号令のもとにすべり落ち、シリが出ている、形がわるい、にぶい、など、またピッケルでくり返しシリを叩《たた》かれた。私はそのころナ

ダレなどの遭難より、訓練合宿の方がよほど恐ろしかった。他の新人よりも経験と体力の劣っていた私は、へたをすると殺されてしまうんではないかとさえ思った。

もう山岳部なんかやめようか……。しかし、赤木さんの、

「合宿の厳しさで途中退部するなんて人間のクズだ」

という言葉が耳に残っていた。退部もできない。部を続けていくには自分で体力をつくるより方法はないと思った。

合宿山行が終わると、私は川崎市柿生《かきお》の下宿先のお寺で、毎朝トレーニングをはじめた。朝六時に起き、九キロばかりの山道を走りまわるのだ。二十人ばかりいた新人も合宿山行ごとに二人かけ、三人減りして二年部員になったときにはとうとう五人になってしまった。もちろん私も残った五人のひとりだ。

一年部員のときは体力的に苦しかった。二年、三年部員になり、教えられる立場から教える立場になると、自分の山の知識が未熟なので精神的に苦しんだ。やがて、山に対して自分なりの考えも定まってきた。一年に七つも合宿山行をやり、合宿だけで百日以上山に入り、そのうえ個人山行を入れると百二、三十日も私は山の中に入っていた。学業どころではない。

## 海外の山々を夢みて

北海道から東北、日本アルプスと山に明け暮れ、やがて私なりに登山への視野がひらけて、外国の山に登りたいと思うようになった。二年の終わりころから外国の山岳書を読みはじめ、ガストン・レビュファ著の『星と嵐』（近藤等訳）でつよくアルプスの魅力にひきつけられた。自分の山行にも自信が出てきた。

最上級生でサブリーダーになったとき、私は単独山行を試みた。黒四ダムから黒部峡谷の阿曾原《あそはら》峠を経て、北仙人尾根の頭に出、剣岳の北側にある池ノ平から剣沢をめがけて下り、黒部別山にのびるハシゴ谷乗越《だんのつこ》しに出て真砂《まさご》尾根をつめ、そのピーク（真砂岳）から地獄谷をめがけて下り、弥陀《みだ》ヶ原を経て、千寿《せんじゅ》ヶ原に下った。奥大日《だいにち》岳から剣岳をやった合宿山行の帰りのことで、食糧は合宿の残りもので間にあわせた。テントなし、スコップひとつでの雪洞生活五日の行程だった。この山行は、自分がリーダーとして人の上に立つための試練と考えた。

私の単独山行は、外国に出てからはじまったものではない。新人の夏山行の前に、上級生の目をぬすんでひとりでトレーニングに富士山に登ったこともあった。

私を外国の山へかりたててくれたのは、同僚の小林正尚だった。彼は私が「アマゾン下り」に挑んでいるとき、同級生の結婚式へ行く途中、交通事故で死んだ。彼は大学四年の夏山行のあとアラスカに飛んで氷河の山を楽しんで帰ってきた。日本では氷河が見られないからと、彼が得意になって話す旅の様子は私をうらやましがらせ、ライバル意識を燃え立たせた。卒業してからの就職なんかどうなってもいい、せめて一度でもいいから外国の山に登りたかった。それが自分にとってもっとも幸せな道だと思った。

外国といえば先だつものは金だった。私の山岳部生活には、両親は反対だった。だから、外国の山に登りたいといって、援助してくれ、などいえた義理ではなかった。零細な農家であるわが家の家計は、学資を送るのが手いっぱいであった。そのころ、アイガーをねらう日本人のニュースが外電で入ってきていた。

「そうだ、ヨーロッパ・アルプスに行こう。そして、日本にない氷河をこの目で見よう」

と私は決心した。資金のない私は、とうぜん現地でアルバイトをしてかせがなければならない。とはいったものの、フランス語もドイツ語も、イタリア語もできない。そんな私にヨーロッパでアルバイトの口があるだろうか。

そこで考えついたのは、生活水準の高いアメリカで高い賃金をかせぎ、パンとキュウリを食べて支出を減らせば、ヨーロッパ・アルプス山行の金がたまるのではないかということだった。ヨーロッパ山行まで、何年かかるかしれないが、とにかく日本を出ることだ。英語ができない、フランス語ができないなどといっていたら、一生外国など行けないのだ。男は、一度は体をはって冒険をやるべきだ。

アメリカにもヨーロッパにも直接の知人がいるわけではない。しかし、幸い先輩の知人がカリフォルニア大学にいるというので、手紙でアメリカの事情を聞いてみた。その返事がすごかった。

「このアメリカで、言葉ができずしてお金をかせごうとはなにごとだ。特技を持つならまだしも、無意味な山登りのためとは……。悪いことはいわぬから、事を起こす前に計画をやめた方が君のためによい」

というものだった。その言葉がかえって私を意地にし、やってやるぞ！　と闘志を燃え立たせた。

もう心は、外国行きしかなかった。卒業式も終わった三月中旬、私は五月に出航するロサンゼルス経由南米行きの移民船を予約した。

私にとって幸いだったことは、貿易の自由化で観光旅行の道が開かれたことだ。私は有楽町にある旅行代理店に旅券の申請を依頼した。目的はアメリカ経由のフランス、スイスの観光旅行、日程は十日間、持出し金は五百ドルと書いた。片道で横浜からアメリカまで十万八百円。持出し金五百ドルとは書いたものの、アメリカまでの片道切符の十万円をつくるのに手いっぱいだ。

私は大学四年の後半、阿佐ヶ谷の下宿の前にあった女子高校の増築工事に行き、高いやぐらの上で働くトビ職をやった。高い所で動きまわるのにはなれているので、こんなものはお手のものだった。夜は英語塾に通った。塾に通っても何もわからなかった。だが、山岳部とアルバイトと英語塾の三本立ての生活は、厳しかったが充実感があった。

## カミカゼ野郎の日本脱出

出発前、船の片道切符に十万円払いこむと、もう東京での生活費すらなくなった。装備を買いこむ余裕もなかった。

「オーイ、ドングリ（学生時代のアダナ）！　お前、金も持たずにアメリカへわたって大丈夫かい。英語ができるわけでもないし、不法なことして日本に送りかえされるなよ。しっかりやってこいよな」

「心配するな。金はないが、山で鍛えたこの体があるさ」

私はみんなの前で胸をドンと叩いてみせた。

「じゃあ、元気でな、カミカゼ野郎」

「バイバイ」

一九六四年五月二日午後四時、横浜の桟橋から移民船「あるぜんちな丸」に乗りこんで、私はアメリカ合衆国に向かったのだ。四、五日間、北アルプスの山旅に出かけるような汚ない登山靴をはき、手にはピッケルを持ち、先輩、仲間の使い古しの山の装備をつめたザックを背負っていた。四万円をドルに替えた百十ドル、それが私の持参する金のすべてだった。

オレはこれから日本語の通じない外国の旅に出るのだ。帰りの切符を持っているわけでもなく、生活水準の高いアメリカは物価も高いという。手持ちの百ドルなんか十日もせずにハネが生えたようになくなるだろう。私は行ったきりの鉄砲玉である。しかし、私は仲間の前では懸命に笑顔をつくり、仲間とテープを結び合った。船は汽笛を空高く鳴らし、小型船《タグ・ボート》に引かれて桟橋を離れた。

「オーイ、ドングリ！　カミカゼ野郎！　しっかりな！」

「オーケー、オーケー」

テープが切れて陸から離れ、見送る人の顔が判別できなくなる。

とうとう陸地が一条の帯になって水平線に消えてゆき、太陽が傾いてゆく。

興奮からさめて、ふと自分を見つめると私はすごく心細かった。帰りの金も、生活費も持たず、言葉の通じない国への旅立ち。もう二度と仲間たちにも会えないのかと、私はガラになく涙が出てしまった。

この旅の前に、両親に会いに山陰の田舎に帰らなかったのも、心残りなことだった。出発二日前に、わずか三分だけ東京から田舎へ電話を入れただけだ。親は私の突然の外国旅行に驚き、いまにも泣きだしそうな声を出したので、私はあわてて電話を切ってしまった。

人前では意地ばかり先走っていても、アメリカで無一文では生活できる保証がなかった。ただこの体あるのみだ。だが、いくら強健な体があっても、言葉が通じなくては働ける場所もない。こんど両親に会うのは、オレが罪人として日本へ送還されたときだろうか……。親に大学まで出してもらって、そのうえ山登りという遊びをさせてもらって、あげくのはては外国から罪人となって送りかえされるのか。私はなんと親不孝ものだ。仲間がいうように、私はなんて無鉄砲なことをやったものだ。私は後悔した。

デッキからは夕日が大きく海原に沈みかけ、富士山を最後に日本の陸地が、輪郭を消した。

太平洋の荒波の中で、私はくる日もくる日も、一日の半分をベッドに横たわり、英会話の本を手にとった。そして、横浜を出て十四日、ついにロサンゼルスの外港、サンペドロの港に入ったのだ。

# 山へのプロローグ

## 資金あつめのアルバイト

はじめて見る異国の地アメリカ合衆国。日本とはぜんぜん違う。船は夜半、サンペドロの港にイカリをおろした。海の上に光を映している街灯、交錯する車のライトに見とれ、いよいよくるべきところに着いたなと興奮して、夜も寝られず下船の朝を迎えた。私よりふたまわりもデッカイ白い肌の人間に驚き、髪のちぢれた黒人にビックリした。もちろん、はじめて外人を見たというわけではないが、大勢の日本人の中で見るのと違って、外人ばかりが大勢いるのは、田舎者の私には驚くべきことだった。最初に口をきいた相手はイミグレーション（移民局）の入国管理官であった。

「How long……stay here」

そんな言葉がポツポツ聞こえた。

「Six months」

とっさに答えた。船の中で六ヵ月という言葉を覚えていたので躊躇《ちゅうちょ》なく答えた。入国管理官に所持金はいくらかと聞かれたら大変だ。百十ドルでは一ヵ月の滞在許可さえくれまい。所持金を見せろといわれはしないかとアブラ汗をかいた。他の事は何をいわれているのかわからない。なんだかしらん、YESを連発していたら無事パスして下船できた。

最後のタラップをおりて踏む異国の地。不安を忘れて無性にうれしかった。アメリカの税関は厳しいといわれていたが、案外だった。他の旅行者と違って汚ないザックを背負っていたから、持物をチェックする必要もなかったらしい。

ああ、アメリカだ、アメリカだ、ここがアメリカだ。さて、どこへ行くというあてはないが、仕事を見つけるまではキュウリでも食べて金を節約するぞ！　そう思ったら不思議なことに不安はふっとんでしまった。

カリフォルニアの五月の空は晴れわたり、私は、新しくはじまる前途にうきうきした。行き先もわからず、ウロチョロしていると、ロサンゼルスに住む日系二世の人が、市街の中にあるYMCAに案内してくれ、第一夜はそこに泊まった。どこか野外にテントを張って寝ようと思ったのに、YMCAのホテルとはありがたいようでもあり、ありがたくないようでもあった。

早速その夜から新聞を買って求人欄を調べた。辞書でその内容を読みとり、電話機をとった。電話はつながるものの、相手が何をいっているか聞きとれない。それでもつぎからつぎとダイヤルをまわした。三日目、ロス郊外にある高級ホテルに職を見つけることができた。

ロスの街から十五マイル（二十四キロ）、ハリウッドのはずれの芝生に囲まれた高級住宅地の中にあるホテルだった。ホテルの中に和・洋両方の高級レストランがある。仕事は昼間はルームボーイ、夕方からは皿洗いだ。朝八時から午後四時まで、部屋掃除にベッドのシーツ替え。四時には白衣に着がえて機械にかけて皿を洗うのだ。真夜中の十二時までである。この間昼食に三十分休むだけで、夕食も立食いでやっつけた。

一日十五時間半という長時間重労働だったが、金のない私は仕事につけたことで満足だった。体力には自信があった。ところが観光ビザの弱みにつけこまれ、二日目には、観光ビザで労働することはアメリカで禁止されている、発覚すれば日本へ送還されると聞かされた。一ヵ月二百ドルの給料だったが、日本送還という言葉は恐ろしかった。

一ヵ月でそのホテルをやめ、カリフォルニアの農場にもぐりこんだ。学校で農業を専攻したというと、仕事はいくらでもあるからということだった。果樹園の接木、トラクター運転など……。だがこういった仕事よりも、ぶどう、プラム、桃などの果実もぎという仕事が私をひきつけた。隣のメキシコからやってきているメキシコ人の季節労務者が、能率給で一日二十五ドルもかせぐということを私は聞きつけた。炎天下の砂地、日陰のない果樹園で、朝六時から午後四時半までの一日十時間労働。

「それくらいオレにもできるぞ」

ロサンゼルスとサンフランシスコの間にある小さな町、パレアの近くでキャンプに入った。見わたすかぎりの農場である。空には飛行機が、低空飛行で広々とした果樹園に農薬を撒布していた。夏は一滴の雨さえ降らない快晴続きなのだ。

日中には四十度もの高温が続き、砂地の輻射熱《ふくしゃ》を受けると、いても立ってもいられないほどだった。仕事はカリフォルニア・レーズンで知られるぶどうもぎである。ひとかかえもある大ナベいっぱいもいで六セント（二十一円六十銭）だ。他にプラム、桃もぎがあった。桃やプラムは梯子《はしご》をかけてもぐのだが、ここは炎天下でも木陰があっていい。しかし、ぶどうもぎには何もさえぎるものはないのだ。フチの広い麦稈《ばっかん》帽をかぶり、一日中炎天の下で働くのだ。このぶどうもぎを選んだ私は、大型トラックの荷台にメキシコ人たちと乗りこんで、朝まだ太陽の昇らぬうちに、出かけるのだ。

見わたすかぎりの農園、そのぶどう園に行き、朝六時から一斉にスタートするのだった。ぶどう園は日本式に上をはわせるのと違って、一メートルぐらいの高さの柱に鉄線を通し、そこを横にはわせてある。それが二メートルおきに畝《うね》をなし、その長さは大きいものでは二〇〇メートル以上に及ぶ。私のトラックにはメキシコ人が五十人以上いた。二メートルもある大柄な若者から、胸がとび出さんばかりの娘さんまでいた。トラックからおりると一斉に各々が列につき、運動会の競技のようにもぎだすのだった。道具といえばナベと小さな小刀、それに敷き紙、ナベ一杯分もぐと、その敷き紙を置いて、その上に広げるのだ。

この簡単な仕事が最初はなかなかできない。十時間もいで百杯にもならない。汗ダクダクになっているのにたった六ドルではあわない。他のメキシコ人は四百杯ももいでいる。大人と子供の違いであった。同じようにもいでいるのにどうして違うのか。いつも四百杯以上もいでいる若いメキシコ人の横で、彼のやり方を見ることにした。彼はナベを下に置くなり、こんもり茂ったつるの中に顔をつっこみ、引きさくように両手を使ってナイフで切り落とし、ナベに入れたかと思うと、一杯になったナベを紙の上に広げる。よく見るとナベ一杯は一杯でも山盛りに入れる私より量が少ない。紙の上に広げるとき、いかにも多そうに紙の隅々に広げていた。万事要領だ。

彼のマネをしてみたら、なんとたちまち倍ももげるようになった。そのうちトラックからおりるが早いか、かけ足でとんでいき、ぶどうが多くなっていそうな列を自分で確保する要領もわかった。スタートするともう無我夢中だ。ぶどうの葉の茂みの中に顔をつっこみ、足長バチの巣にふれて、ハチが一斉にむかってくることもあった。毎日、二つ、三つ顔を刺された。しかし、もぐのに夢中になるとそれほど痛くもなかった。慣れるにつれ、ハチの巣のあるところもわかってきた。ぶどうがすずなりになっている近くに、よく見つけた。そのときはマッチを持っていて、ハチが飛び立つ前に紙に火をつけ、焼きはらってしまうのだ。それでも一週間に二、三回はハチにやられた。苦労のかいあって、一ヵ月目には、メキシコ人を追いぬいて、一日三十ドルをかせぐようになった。

メキシコ人と一緒に働いていると、陽気で、楽しかった。毎日一緒になる娘さんにかたことのスペイン語で、

「ブエノス、ディアース、セニョリータ」(こんにちは)

といって話しかけた。二人で一本の列の両側に入り一緒に仕事したとき、移民船の中

で習った手帳を持ち出して彼女と話したこともある。彼女は私より背が高く、目のくぼみといい、黒いまつ毛といい、実に美人にみえた。胸もととヒップの大きさもすばらしかった。彼女がひざをつき、手をのばしてぶどうをもいでいるとき、反対側でもいでいる私のところから、半開きになった胸もとがまる見えで目のやり場に困ったほどだった。

彼女に、

「ボニート」（美しい）

といってやると、彼女は喜んでいつも私の隣でもぐようになった。アメリカにいるのに、英語ではなしかけ彼女からスペイン語を習った。彼女と一緒に昼食をとるとき、彼女の食べものをめずらしそうに見ていると、いつもわけてくれるのだった。青いトウガラシをもらってひと口かじったら、トウガラシで口の中が焼けるようにヒリヒリしたのにはおどろいた。日本人はタクアンくさいといわれるが、彼女の口の中は、いつもトウガラシでピリピリしていたことだろう。彼女の名前はもう覚えていない。

## 移民調査官に捕わる

一日三十ドルもかせいだシーズンも終わり、日給制でプラムをもいだり、ワイン用のぶどうをもいだりした。もう三ヵ月近く一日も休まず働き、一千ドル以上ポケットにあった。

九月も終わろうとするある日、私は、いつものようにトラックで、メキシコ人と一緒に農場へでかけ、ワイン用のぶどうもぎをやっていた。そのとき、上空に単発のセスナ機が旋回をはじめた。変だなと思っていたら、われわれの働いている農場のまわりに、一台、二台、三台とジープがきて道をふさいだ。何かが起こったな、と私は直感した。三台の中の一台は鉄格子戸のあるバスであった。警察のものではないが、車には丸いマークが入っている。ピストルを腰にぶらさげた制服の男たちが四人近寄ってくる。イミグレーションの調査官だった。彼らはわれわれ労務者を包囲して全員一列に並べた。ひとりひとりパスポートと労働許可証を調べはじめたのだった。飛行機がわれわれのグループを空から見つけ、地上の無線カーと連絡していたのだ。

「ついにくるべきものがきた」

と私は思った。ロサンゼルスのホテルでいわれた「日本送還」という言葉が浮かんだ。もう逃げようとしても逃げられない。われわれのグループの中のメキシコ人の何人かは、飛行機を見つけると身をひるがえして、木陰沿いに走って逃げるものがあったが、彼らはイミグレーションであることを知っていたのだ。逃げるところを見つかったら、ピストルでズドンとやられるかもしれない。

「パスポート!」

私のところに移民官がまわってきた。

「パスポートはいま持っておりません。家に置いていますので……」

なにやらいわれて、私の背たけより三十センチも大きいその男の腕が、私の腕をひとにぎりにして列から引出した。

すべてが終わりになろうとしていた。アルプスどころじゃない。私は鉄格子のある護送車の中にぶちこまれた。ほかにもうひとりメキシコ人の男も入れられた。朝一緒にいたいく人かは、飛行機がきたとき見事に姿を消してしまったのだ。まだたくさんいたはずなのに、いちばん要領の悪いヤツがひっかかったようだ。逃げたものの中には、無線カーがやってきてから逃げだすものがあったが、彼らは、私たちが一列に並ばされたすぐ近くの、こんもりと茂ったぶどうの葉陰で息をひそめているはずだ。調査官たちはわれわれを車の中に入れると、戸を閉め、外からカギをかけた。そして、農場から連れ去った。車は私が寝ていたキャンプにまわり、二人の調査官のつきそいのもとに、私は、キスリングの中からパスポートを取出して見せた。

私は、メキシコ人のように国境を越えて不法入国したわけじゃない。アメリカ入国ビザも持っている。労働許可証こそ持っていないが、これが不法労働とはまったく知らなかった、といい通せば、日本送還をまぬがれるかもしれないと、一条の望みが生まれた。

「I have a visa」

ガタガタふるえる体をおさえてパスポートを見せたが、彼は私のビザを見るなり、

「これは観光ビザで、君はアメリカでは労働してはいけないのだ」

と再び車にぶちこまれた。キャンプではメキシコ人や、農場の人間が気の毒そうな顔

をして私を見送っていた。車中で私は格子をにぎりしめた。自分の体をささえるのが精一杯だ。自分はもうどうなるかわかっていた。

調査官は私を車に乗せるとき、

「法を犯しているから送還になるだろう」

というようなことをいった。もうひとりのメキシコ人は二回目だそうだが、私のように落胆してはおらず、なんだかんだと話しかけてくる。

「一回目のとき、パスポートは持っていたものの、労働許可証を持っていなかったので本国に送還されてしまった。それからパスポートがとれなくなり、こんどは国境を流れるリオ・グランデ川を夜中泳いでわたってきた」

などといった。またやられたか、ケ・セラ・セラといった感じである。本国に送り返されたらまた泳いでわたってくればいいとでも思っているのか。ただ、ときどき、うまく逃げおおせた連中がにくらしいのか、彼は顔をしかめてくやしがった。

親や兄弟の意見をきかず、無鉄砲にアメリカにとび出してきたオレ……。罪人となって日本へ送り返され、親、兄弟に、学生時代山行をともにしてきた山仲間に、山を教えてくれた先輩に、どのツラさげて会えようか。オレは親不孝ものだ。どこかで自殺でもしてしまいたかった。死ねないなら、帰って、九州か北海道で炭坑夫でもやって一生顔を合わせずにすむようにしようか。そんなことを思いめぐらしていると、脳貧血をおこしたときのように目の前が真っ暗になり、調査官に手を貸してもらわないと、ひとりでは歩けないほど、足がガクガクした。

フルーツの集荷、梱包《こんぽう》で活気のあるフレズノの街のはずれにあるイミグレーションの事務所で、われわれはおろされた。

十畳ほどの暗い部屋にぶちこまれた。外からガチッと錠のおりる音がした。窓はひとつしかない。部屋の中はガランとし、コンクリートの床に、長椅子が四つばかり窓側に並んでいた。トイレがなんのしきりもなく部屋のすみにあった。メキシコ人は、

「日本に帰ったらどうするのだ」

と話しかけてきた。だが私には会話をかわすだけの元気もなく、長椅子に腰をすえてうなだれていた。メキシコ人は、送還されることをはっきりと割切っており、こんどはもっと要領よく逃げてやろうとでも思っているのであろう。彼には送還される罪悪感がまったくなく、彼の顔を見ているとうらめしく思えた。

彼らはメキシコから春、カリフォルニアにやってきて、十月のフルーツシーズンが終わるまで六ヵ月間の働きで、千五百ドルから二千ドルかせいで帰ると、半年は自分の国で何もしなくても、家族を養えるのだそうだ。そんなうまい商売だから何度送還されても、パスポートや労働許可証など持たなくても、性こりもなく国境を越えてくるのだろう。

冷静になって考えてみると、私の場合はメキシコ人と違う。ヨーロッパにある自然の氷河の山を一度見たいから、その資金を得るためにアメリカへやってきているのだ。休

日も一日として休まず、焼けつく太陽の下で十時間も、ハチに刺されながら痛さを感じないほど無我夢中で働いてきた。それもこれも、生活のためではなく、学生時代からの山登りへの夢を果たしたいからだった。それがなぜ悪いのか、オレがなぜ悪いのか。

よし、同じ日本送還になるなら、自分の主張を調査官にぶっつけてみよう。ひょっとすると、この気持を理解してくれるかもしれない。オレは英語はほとんどできない。五ヵ月もいたからアメリカ人の早口の会話にも少しは慣れてきたが、この気持を率直に理解させるまでの英語にはほど遠い。

アイディアが浮かんだ。なまじっかできない英語で、取調べに対しいい加減に答えたところで、本心は伝えられまい。自分は全く英語のできない日本人ということにしよう。英語の通訳がなければ取調べができないようにすればいい。もし通訳がきてくれれば、自分の気持を打明ければいいのだ。

## 日本送還をのがれて

朝九時過ぎ、星条旗と誰か移民官のポートレートのかかった事務所に私はつれていかれた。大きい机の前にはひとりの制服の官吏がいた。

「坐りなさい」

といって椅子を出した。背の高いその官吏は、前日われわれをつかまえにきた人とは違って、何か望みのもてそうな、柔和な感じのする人だった。

「あなたの名前は？」

「ウエムラ・ナオミ」

「あなたの年齢は？」

と続いて質問してきた。だがここで知っている単語を並べて、なまじっかに答えてはいけない。私は自分にそういい聞かせ、

「私は英語ができません、その意味がわかりません」

とその質問を逃げた。

「職業は？」

「………」

「いつからこの農場に入りましたか？」

「………」

私は質問のたびに首をかしげ、なにもわかりませんという顔をした。

「私は日本語しか話せません」

私がそれをバカのようにくり返すので、しびれを切らした彼はすぐ机の上にある電話機をとり、ダイヤルをまわした。

「英語のできない日本人がイミグレーションにいるので通訳にきて欲しい」

と話しているのだ。

「誰がきてくれるだろう。もはや、これが最後の望みだ」

と、私は心の中で叫んだ。

三十分とたたないうちに、黒い背広を着、ネクタイをきちんとつけた中年の日系二世の人が、

「あなたですか」

といって事務所へ入ってきた。甲斐さんという方だった。フレズノの警察に勤めていて、この官吏とは友人とのことだった。

甲斐さんの日本語は、英語のようなアクセントこそあったが流暢《りゅうちょう》そのものだ。これまで英語の社会で、自分の気持も言葉として出せなかったことから、甲斐さんに日本語で話せることは、このうえなくありがたいことだった。

私は自分が登山をはじめた動機から、一年のうち百日以上も山に入り、登り、歩いてきたこと、このアメリカに入国する金すらなく、ビル工事現場でトビ職のアルバイトをしたりしてお金を作ってきたこと、生活のためでなく、ただ学生時代に描いた山の夢を実現させたい一心からアメリカへやってきたことなどを機関銃のようにしゃべりまくった。自分のすべてを打明けてしまうと、胸の高鳴りもおさまり、何か心の底に残っていたしこりが全部体の外へ洗い流されたようで心地よかった。

甲斐さんは、私の話を一言一言うなずきながら聞いてくれた。

話が終わると、甲斐さんは英語で官吏との会話に移った。もう私が横から聞いていて

もほとんどわからない早口で、ときたま、

「マウンティン・クライミング」

「アルプス」

とかの単語が耳にとまるだけだった。けれど甲斐さんの言葉には私にもわかる説得力がこもっていた。官吏はうなずいて聞いていた。子供が大人に説教されるような感じだ。そして、ときたま視線が私の顔に向けられるのだった。私は姿勢をただし、腰掛けに背中をのばし、手をヒザの上においた。二人のあいだに会話がとりかわされた後、

「この方がね、あなたを日本へ送還しないようにしてくれるそうです」

「本当ですか！」

信じられない言葉であった。目の前から壁がとりのぞかれ、私の心は地平線から太陽が昇るように明るくなっていった。目の前で、にっこりと笑っている大がらの官吏、自分のことのように喜んでくれる甲斐さんの姿が、神様のように見えた。神様が助けてくれたのだと私は思った。私はうれしさをかくしきれず、ただ、

「Thank you very much」

を連発した。

「もうこれ以上、農場では働いてはいけません。農場の中ばかりでなく、このアメリカでは、あなたのビザでは働けませんから、すぐヨーロッパに行き、あなたの目的である山登りをやりなさい」

私の手のひらがすっぽり入ってしまうほど大きな官吏の手は、あたたかく重みがあり、その手を通して官吏の心が私の心の中に流れてくるのが感じられた。

甲斐さんとオフィスから出た。一日ぶりに見る太陽は実に明るく、さんさんと私の未来に陽光を注いでくれるように思えた。

# アルプスの岩と雪

## シャモニへ入る

私がシャモニに入ったのは、この〝検挙〟事件後一ヵ月、一九六四年十月末のことであった。

フレズノの農場からサンフランシスコへぬけ、大陸横断のグレイハウンドのバスにザックをかつぎ、登山靴をはいて乗りこみ、シカゴ経由でニューヨークに出、そこからイギリス船にゆられて、五ヵ月住みなれたアメリカをあとにしたのだ。

一週間の航海ののち、また言葉や習慣の違うフランスのル・アーブルの港に入った。そして、汽車でパリをまわり、氷河の山のあるアルプスへ入っていったのである。

そのころ、ニューヨークは暑いカリフォルニアと違ってプラタナスの街路樹が黄ばみ、木枯らしがビルの谷間を吹きぬけ、冬の近づいたことを知らせていた。夜中にニューヨークの終着駅に着いたので、ホテル代節約のため待合室で一夜を明かしたりした。

生活水準が世界一というアメリカなのに、この一夜でその裏を見た気がする。アメリカには浮浪者、コジキはいないと思ったが、とんでもなかった。足の不自由そうな老爺、老婆がたむろし、ボロ靴をつっかけ、古新聞を体にまき、待合室の中にある電話ボックスに入っては、一台一台コイン受けに手をつっこんで、忘れものはないかとあさって歩いているのだった。

なにか木の枠にはまったみたいな、大きな機械の中にでもいるような錯覚を抱かせるアメリカのニューヨークをぬけ出すと、一路フランスへ渡りアルプスに向かった。シャモニ行きの車窓からとびこむ景色は、本当に印象的であった。八人ひと部屋のワゴン車に乗って、レンガ造りの古い家、ゆるやかな起伏をもつ田園風景はのどかなもので、紅葉する木陰に広々と広がった牧場、牛車を追う農夫たち、そして、赤茶のカワラ屋根の上に短く立ち並ぶチムニーは、写実派の絵画を見ているような思いだった。フランスには歴史が生きているなと、私は思った。

パリから汽車で十時間半、夜行で出発し、朝方、シャモニ谷の入口サン・ジェルベで登山電車に乗りかえる。山腹をめぐり、谷間を渡っていくつかトンネルをぬけると、たちまち車窓からアルプスの岩と氷の壁が、林の向こうにおおいかぶさるように目に入ってきた。スクリーンいっぱいに映し出されるシネラマを見ているかのようだった。

はじめて見る自然の氷河。三七七六メートルしかない富士山が私の見た最高峰だから、四〇〇〇メートルの針のようにそびえる岩と氷の峰は私のどぎもをぬいた。そればかりか、氷河の裾野の牧場で首に大きな鈴をつけて草を喰《は》む牛、かけずりまわる白い肌の子供たち、牧場の中に点在する赤青にペンキ塗りされたシャレー……。どれを見てもおとぎの世界のようで目を見張った。

白い峰にかこまれた谷底にあるシャモニの街は、十月も末となって登山のシーズンオフである。中心街のみやげ物屋にも人影は見えず、ホテルの看板の立つ家の前では、冬のスキーシーズンを待って大工が忙しそうに働いていた。

シャモニはヨーロッパ・アルプスの中でもモン・ブランの登山口として栄える登山街。日本の上高地のように避暑地としても、また冬のスキー場としても国際的に名が高く、各国からお客がやってくる。この街には古いアルピニズムの歴史が流れている。モン・ブランに初登頂したのは、一七八六年シャモニの村医者ミシェル・パッカールとジャック・バルマで、村人の見守るうちに氷河から白い稜線をきわめて頂上に立ったのだそうだが、それにはじまるモン・ブラン登山の長い歴史の重さは、この街に入っただけでなんとなくわかるような気がした。いまここにはフランス唯一の国立登山スキー学校があり、登山ガイドとスキー指導員を養成している。

## モン・ブラン単独登攀

モン・ブランからほとんど垂直にシャモニ谷が落ちこんでいる絶景を見ていると、アメリカの農場での数ヵ月の労働もハチに刺されたのも、みんなここへくるためだったのだと思うと涙が出るほどの満足感を覚えた。

私はまず、ザックを背負って、街はずれの林の中のキャンピング場に行き、東京の御《お》徒町《かちまち》で買った二人用のテントを張った。私のほかには誰もいなかった。テントの中からも、輝くモン・ブランがのぞけた。

枯葉を集めて火をおこし、コッヘル（携帯用の炊事具）にジャガイモ、青菜を入れて煮て食べた。しょう油がなく塩味でやっつけたが、どんな豪華なレストランで食べる料理よりもおいしかった。そして心はいつもあの見上げるばかりの白い氷河の上にあった。

朝は草を喰む牛の鈴の音で起こされた。牛はテントのすぐそばまで遊びにきてくれ、その首の大きな鈴が、すてきな目ざまし時計の役を果たしてくれるのだった。

おおいかぶさるようにシャモニを谷底にしているモン・ブランや岩の針峰群、はじめてここにきた人で驚かないものはいないだろう。また、山を知った人なら驚きよりむしろ登攀欲《とうはんよく》を湧かさないではいられないだろう。モン・ブランをはじめ、グランド・ジョラス、ドリューなどの壁に、国をかけて初登攀を競った人々の気持も、シャモニに入って一見しただけで十分に理解できた。

私がモン・ブラン単独登攀に入ったのは、シャモニに入ってから二週間も過ぎた十一月十日のことであった。すでに針峰群は新雪で白く化粧していた。シャモニに入ったときよりも、雪線はずっと低く下がり、シャモニの谷にも冬がやってきていた。初冬の山とはいえ、私は見るだけでは満足できないのだ。

自分の足で氷河を踏み、そして、あの白く輝くアルプスの最高峰モン・ブランの頂に立ちたい気持を抑えられなかった。シャモニの街で、あの棒みたいなフランスパンを四本ばかりとインスタントスープ、チーズ、ジャガイモ、リンゴ、ジャムなどを一週間分買いこみ、装備は日本で使用していたヤッケや登山靴である。ピッケルとアイゼン（登山靴の底にくくりつけて、滑り止めにする用具）は、この土地の登山家から借りておいた。十一月の初冬の時期に、日本と違って誰ひとりとして登山者は見られなかった。

食料品店で、ピッケルとアイゼンを借りたとき、シャモニの人たちは、みんな私を変な目で見た。そして、何やら私にいってくれたが、意味はわからなかった。私には「ボンジュール」さえわからなかったのだ。大学の語学ではドイツ語をとっていたから、フランス語はまったくわからず、小鳥のさえずりのようにしか聞こえなかった。

ボッソン氷河の左岸、いまは廃線になっているケーブルのある尾根にルートをとる。モン・ブランの真下のシャモニからイタリア側にぬけるトンネル工事の入口を通り、一日目は森林帯からぬけ、急峻《きゅうしゅん》な雪の尾根をはうようにして登り、蒼々《あおあお》とした氷河のブロック（氷塊）の見おろせる台地に雪をけずって、テントを張った。シャモニ谷から一〇〇〇メートル近く登っていた。

日が沈み、やがて夜がやってくると、シャモニの街のあかりが星のようにキラキラと光り輝きはじめる。テントにもぐりこんでスープを作った。ガラにもなくホームシックになったが、その感傷もボッソン氷河のブロックが崩壊して落ちる大音響ですぐこわされた。

翌朝は、霜でテントがバリバリにこおりつき、ザックに入れるのに苦労してから、さらに前進を続けて尾根を登った。ときどき雪にかくれたはい松の中に踏みこんで、ころげ落ちそうになりながらも、黙々と登った。

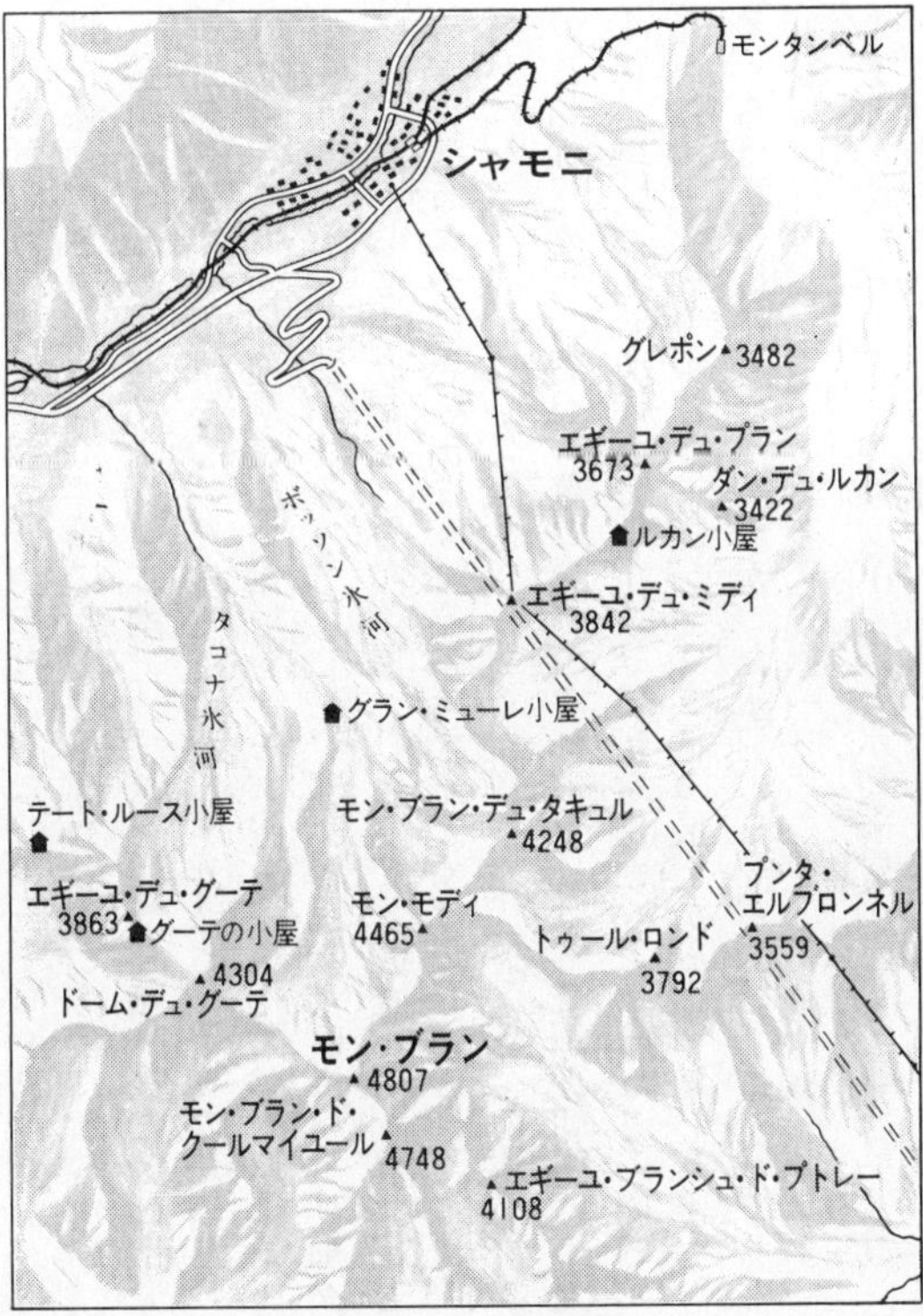


モン・ブラン付近地図

空は秋晴れの深い青空。背中のザックは二十五キロもあったが、はじめてアルプスに足を入れたと思えば軽く、顔にしたたる汗もちっとも苦にならない。

登山をはじめて北アルプス、南アルプスを登り、無一文でとび出してアメリカにわたり、無我夢中で働きまくったのも、ただ、きょうという日のためだった。

私はケーブルの廃駅に入った。シャモニ谷をはさんで、対岸にエギーユ・ルージュの岩山が見える。駅で泊まることにした。寒気と風をよけてひとり細々とストーブをたく。冬に黒部から立山を越えて弥陀ヵ原へひとりで下った山行を思い出していた。シュラフの中で夢うつつに思い出にふけるのはなんとすばらしいことだろう。何ひとつ寂しくはなかった。

こわれたガラス窓から星の光がこぼれ、翌日はそこから朝明けの光がさし、パンにチーズ、熱いコーヒーの朝食をすませて駅を出た。ところどころ吹きだまりに足をとられながら、三十分も歩くと、モン・ブランの頂上から下っているボッソン氷河に出る。遠くからは黒い線にしか見えなかった氷河のクレバスは、近くへくると幅が五、六メートルもあった。

蒼氷の中をベルクシュルント（岩と氷の間の割れ目）の中に下り、アイゼンのツメ先をきかせてはい登り、氷河の上に出た。大小さまざまなクレバスをさけて登る。クレバスをのぞいて見ると、下は何メートルあるのか、中は真っ暗で見当がつかなかった。氷河は階段状に流れ落ち、その中に入るともうモン・ブランの峰も見えなくなる。

## クレバスに転落する

あと数百メートルで氷河をわたりきるというときのことだ。突然、足が新雪の中にとられたと思ったら、私の体はストンと落ちた。どこかに頭を打ちつけたらしく、私はしばらく気を失ったようだった。気がついたとき、私の体はクレバスの暗闇の中にあった。

「オレは遭難したんだ、これが遭難事故というヤツなんだ」

と思った。ところがなんと幸運なのだ。アイゼンのツメが氷壁にひっかかり、背中のザックと胸がはさまって、私の体はクレバスの途中でサンドウィッチのように見事にとまっていた。落ちたのは二メートルほどにすぎない。サーカスのような宙づりの姿勢から下を見ると、クレバスは底無しに続き、氷河の下を流れるらしい水の音が暗闇の中からトウトウと聞こえた。

人生の終わりだ。いや終わりじゃない。私はまだ生きているのだ。ためしにあまり痛まない左足のアイゼンのツメを氷壁に立てて、背伸びをしてみた。これではさまれていた圧迫感はとれた。それから力をふりしぼり、チムニー（岩壁中に煙突状に縦に走る割れ目）登攀をするように狭い壁をずり上がると、ピッケルを持った右手が、落ちこんだ穴の雪の外にとどいた。そして、静かにピッケルを刺しこみ、ずり上がり、両手が雪面に出て、はじめて助かったと思った。

こんなところでは死にたくない。人はよく、山の好きなものは、山で死ねば本望だろうというが、とんでもないと思った。体をクレバスからぬき出してから、あらためてそのクレバスをのぞきこむと、自分が途中ではさまって助かったという奇跡にあらためて驚き、それからゾーッと寒気がし、膝がガタガタふるえてとまらなかった。ぶどうもぎで捕まったときもそうだが、失敗したとき、失敗しそうなとき、私はいつも両親や先輩、友人の顔が浮かび、

「オレは親不孝ものだ」

と自責の念にさいなまれる。このクレバスに宙づりになったときも、両親、先輩、友人の顔を思い浮かべた。強制送還と違って、この永遠の氷葬なら、親に顔を合わす心配をする必要もないというわけだが、この方がもっと親不孝なのかもしれなかった。あまりにも氷河に魅せられて、氷河の恐ろしさも知らずにした単独登山を、私は反省した。

ヨーロッパ・アルプスの山が、日本の山々と同じでないことをいやというほど思い知らされた。私のやり方は無茶すぎるのだろうか。もしこれが二人以上のパーティーなら、ザイルで結ばれているからそれほどの危険はないだろう。しかし単独登山では事故が起こっても助けてくれる仲間がいないのだ。

小さなヒドン・クレバス（雪をかぶって表面から見えないクレバス）でよかった。これ

がもし、ザックを背負っていなかったら、またあと十センチもクレバスの幅が広かったら、すべては終わりだった。せっかく私の気持を察して、このヨーロッパ・アルプス行きを許してくれたアメリカの移民官にも申しわけない。

そういえば、世界ではじめて八〇〇〇メートル級のアンナプルナに登ったフランスのルイ・ラシュナルも、スキーを楽しんでいるとき、クレバスに落ちて命をおとしたのだ。もし単独で氷河歩きをするとしたなら、ヒドン・クレバスに落ちないように、腰か背中にポールをつけて行動しなければならない。ヒドン・クレバスに足を踏み入れ体が落ちこんでも、ポールで、体が引っかかるだろうから……。

近くに見えたモン・ブランもこの転落事故で急に遠くに見えるようになってしまった。残念だが今回はあきらめるほかはなかった。

私は足をふるわせながらモン・ブランに背を向けて引っ返した。シャモニで登山準備の食糧を買っているとき、モン・ブランに登るといったら、みんな変な目で私を見たが、いまその意味が理解できた。

あきらめ、下山の途中でふり返って見上げるモン・ブランの美しさがシャクだ。もちろんすっかりあきらめたわけではない。この冬はここで過ごし、来年の夏にやってくれば登攀できるだろう。そう自分にいい聞かせて、私はシャモニの谷へ下った。

## スキー場のパトロール

心残りのシャモニを去って、三十キロばかり離れたスイス国境の小さな村、モルジンヌにやってきた。村の真ん中には小川が流れ、人口一万たらず、冬にはスキー場として栄える、山また山にかこまれた村である。

私は一九六四年の暮れから六七年の暮れまで、ここをベースにしてヒマラヤへ、グリーンランドへ、アフリカへと、とびまわることになるのだ。

このモルジンヌへやってきたのは、スキー場で、パトロールの仕事のアルバイトを見つけるためだった。

モン・ブランや針峰群の見えるシャモニで、アルバイトをやりたいと努力したが空《むな》しかった。まだ客のこないうちに受入れ準備に忙しいホテルの門を一軒一軒たたいてまわったが、どこでもことわられた。それはコジキが追いはらわれるような具合だった。フランス語がひとつもできず、何をいわれているのか、彼らの手を振るジェスチャーで、

「必要でない」

といわれていることだけしかわからないのだから、ことわられるのもあたり前のことだった。

たまたま知りあったイギリス人が、フランス語が流暢にできたので、一枚の紙に、

「私は日本からきた山の好きな旅行者です。この冬シャモニで過ごしたいので、アルバイトがありましたらお願いします。私にできることがありましたらなんでもやります。ナオミ・ウエムラ」

と書いてもらい、この手紙を持って、再びシャモニのホテルの門をくぐった。しかし、結果は同じだった。どこでもＮＯＮと首をふるだけだった。

いくらシャモニで山を眺めながら生活したくても、無一文で、アルバイトもなくては、どうにもならない。この手紙を書いてくれたイギリス人は、私と同じようにシャモニで仕事を捜したが果たせなかった。彼はフランス語がうまく話せるのに見つけることができなかったのだから、フランス語のできない私などアルバイトがないのは当然だ。

その彼がモルジンヌのスキー場にアルバイトを見つけたのだ。彼は私のようにテントを持たず、シャモニのユースホステルに入っていた。彼は、その安い宿代さえ持っていなかった。私はまだカリフォルニアでかせいだ金が少しばかり残っていたから貸してやったのだった。

私は彼にくっついてモルジンヌに出かけた。モルジンヌの街からさらに四キロほど谷をつめたところにケーブルカーの駅があり、その事務所でこのスキー場のディレクターに面会した。

イギリス人の名前はジョンとかいった。ジョン君とディレクターはさかんに話していたが、フランス語ができない私には、何もわからなかった。はたしてここで働かしてもらえるのかどうか不安だった。シャモニのときと同じようにことわられるのではないかと思いながら、ジョン君のうしろで彼らの会話を聞いているふりをしていた。

突然、ディレクターは、私に英語で、

「君はスキーはできるか？」

と尋ねた。私は躊躇なく、

「オフ・コース、私はグッド・スキーヤーだ」

といって彼の前で膝を曲げ、腰をふって、スキーで回転するスタイルをしてみせた。しかし、実をいうと、私はスキーで両足をくっつけて滑れるほどうまくなかった。八方尾根で少し滑ったことがあるので、股を開いてどうにかシュテムボーゲンができる程度のスキーであったが、両足をくっつけて滑るフォームだけは知っていたのだ。明大山岳部にいるころ、スキーのうまい先輩が、われわれの前でスキーのフォームを教えてくれたので、それをディレクターの前でやったまでのことだった。

スキー場の仕事はスキーをはいて滑るパトロールだから、スキーができなければ失格である。私は真剣だった。シャモニでことごとく追い出されてきたのだから、たとえ一日でも職につくことができれば、地獄でホトケのありがたさだ。十一月といっても、スキー場にはまだ雪がなく、実技テストがないのはもっけの幸いというものだ。

「十日間ばかりテストして君たちを雇いましょう。もし私がダメだと判断したら、出てもらいます」

とディレクターはいった。言葉のできない私がこのフランスでアルバイトをさせてもらえるなど、信じられないくらいうれしかった。

ケーブルの駅の三階に仕切られた部屋にベッドを入れ、マットと毛布をあてがわれた。もうシュラフに寝る必要もなかった。翌日、スキー場で働く村人と一緒に、朝八時半、霜の降りた冷たい中をケーブルに乗って上の駅に行き、仕事をした。上の駅は一八〇〇メートルの高さにあって、谷底にある下の駅との高度差は七〇〇メートル、距離一二〇〇メートルである。ケーブルカーは時速四十五キロのスピードなので、アッという間に登ってしまう。「世界一速いケーブル」と広告で宣伝しているものだ。まだ完成して二年目というこのスキー場は、リフトの取付け準備など、雪がくる前でも、けっこう忙しかった。

私は言葉ができなかったので、材木などの荷運び、つまり肉体労働をもっぱらやった。仕事にありつけた喜びが全身にあふれ、汗まみれの肉体労働も楽しかった。私はフランス人の二倍は働いた。

アメリカの農場でハチに刺されても痛みを感じないほど働いた労働に比べると、ぜんぜん問題にならないほど楽なものだった。ジョン君はフランス語ができ、話しずきなのでみんなをよく笑わせた。

## ジャン・ビュアルネ氏の好意

試用期間の十日が過ぎた。二人はまた事務所に呼ばれた。

ディレクターはジョン君に、

「君はきょう限りやめてくれたまえ」

といった。彼は何やら、強い言葉でディレクターに反論し、クビをつなごうと必死だったが駄目だった。私もクビを覚悟したが、ディレクターは、

「ナオミは居残って働いてもよい」

と英語でいってくれた。言葉のできない私が切られて、ジョン君が残ると思ったら反対である。ジョン君は言葉ができるために口ばかり動かし、手や足がおろそかになったためかもしれない。

ジョン君が去った後、ディレクターは、私にフランスでの滞在証と労働許可証をとってくれた。だが私には不安があった。なぜなら、もう数日後には大雪がこのスキー場にやってくる。すでに二四〇〇メートルのレ・ゾー・フォール山は白く雪がきて、日に日に雪線がスキー場に近づいている。私はスキーができるなどといつわって、パトロールの仕事をすることになっているが、そのウソがばれたらお払い箱になるだろう。

驚くべきことに、このディレクターは、なんと一九六〇年アメリカのスコーバレーの

冬季オリンピックで滑降に優勝した、ジャン・ビュアルネ氏だということがわかった。雇われるとき、スキーはこんなに上手だといって、私は膝を曲げてスキーのフォームを彼の前でやってみせたのだが、金《ゴールド》メダリストの前でオレはなんとヘマなことをしたのだろう。ビュアルネさんは、きっとオレのウソをもう見ぬいているかもしれない、と不安だった。

ジョン君が去って一週間もしないうちに、スキー場には一夜にして一メートルもの雪が積もった。

本格的なスキーシーズンがやってきたのだ。スキー場のリフトの切符切りも、整備員も、みんながスキーコースに指導標を立てるため、五本ばかりの丸太をかつぎスキーをはいてリフトで登っていった。

私はいよいよくるべきときがきたとなかばあきらめていた。きょうまで一生懸命働いて、スキー場に泊めてもらっていたのだから、クビになったって感謝しなければいけないのだと自分にいい聞かせた。

一団となって登っていく人々の中にはジャン・ビュアルネ氏の顔も見えた。私はスキーをはいて四メートル近くもある指導標を五本かついだら、もう重心がとれなかった。いよいよ指導標を立てるためにみんなでおりていくことになった。コースの傾斜は二、三十度。新雪のやわらかい雪であった。

突然うしろの方から、

「ナオミ！　先頭で滑ってみろ」

と声がかかった。ジャン・ビュアルネ氏の声だった。人のうしろからスキーをはいてスキーコースを歩いておりていこうかと思って、横の方でモジモジしていたところだったので、横ッツラを張り倒されたように仰天した。深雪の中の初級コースでも満足に滑れないのに、中級コースを、それも五本もの指導標をかついで滑らなければいけないのだ。私は体をブルブル、膝をガクガクとふるわせながらみんなの先頭に立った。

「一、二の三！」

私は自分の心にムチ打って雪をけった。ヤケクソだった。神様に祈ったって結果は知れたものだ。そして、当然のように私は深い雪の中にモンドリ打った。この無謀な急斜面の直滑降はなんと五メートルすら進んでいなかった。顔の雪をふりはらいながら見上げた上の方で、ジャン・ビュアルネ氏は腹を抱えて笑っていた。ほかの連中も涙が出るほど笑いころげていた。しかし、ジャン・ビュアルネ氏はこういってくれたのだ。

「ナオミ、スキーは一ヵ月もすればうまくなるさ。ここで働いていていいんだよ」

ああ神様！　私が金《ゴールド》メダリストの前でカッコだけやってみせたインチキスキーの下手さ加減は、とっくに見破られていたんだ！

みんなは、私のスキーを見て〝カミカゼ〟といった。パトロール員どころでなく、私の方がお客に助けられかねない。

スキー場にはシャモニと違って日本人はまったくこなかった。日本人に似ているからと、日本語で話しかけるとベトナム人だったりした。日本人ひとりぼっちの私は、仕事が終わって部屋に帰り、ベッドの上にひっくり返ると、ホームシックになって寝られない夜もあった。

# 朝焼けのゴジュンバ・カン

## ヒマラヤ遠征隊に参加

一九六五年、予期せぬ手紙が日本から舞いこんだ。

「わが明治大学山岳部が、今春はじめてのヒマラヤ遠征隊を出すから、もし君がこれるなら二月中旬にカトマンズにきてもよい」

というものだった。私にとってヒマラヤは夢の場所、いや山を志す人なら誰でも、ヒマラヤの高峰を自分の目で見たいものだ。私はたとえポーターとして荷かつぎをしてでも、どこかの遠征隊についてヒマラヤに入りたいと願っていたのだ。

私はとび上がって喜んだが、しかし、冷静にきょうまでのいきさつを考えてみると、喜んでばかりはいられなかった。ぜんぜん仕事ができなかった私をスキーパトロール員として養成してくれ、一人前の仕事ができるようになったのは誰のおかげだろう。いまヒマラヤに行きたいからといって、パトロールの仕事をやめますなどと、とてもいえなかった。世話になったジャン・ビュアルネ氏にそんなことをいえた義理ではない。私はどうしたらよいか迷った。この機会をのがしては、もうヒマラヤのチャンスはやってこないかもしれない……。

が、ヒマラヤへのあこがれは結局断ちがたかった。

ある日、仕事が終わってから事務所に行き、ジャンに自分の気持を打明けた。もしジャンが行くなといったら、したがうつもりだった。ジャンは、

「君にとって願ってもないチャンスだ。パトロールのことは気にせんでよい。君の夢はスキーではない。山なのだから、がんばってやってこい」

と、私の肩をたたいて、ヒマラヤ行きを許してくれたのだった。この恩知らずめと罵倒されても仕方がないのに、何ひとつ怒った顔も見せなかった。ジャンは、なんとすばらしい男なのだろう。

二月はじめ、一ヵ月半にわたって働いたスキー場を後にするとき、ジャン・ビュアルネ氏のところへ挨拶にいった。彼は、

「また機会があったら、いつでもこのモルジンヌに帰ってこいよ。ヒマラヤでは君にとって満足のいくよう、ふりかえって悔いのないよう、しっかりやってこい。ナオミ、気をつけてな」

と見送ってくれた。私はジャンを父親のように思った。別れてスキー場を出るとき、涙が出た。私は彼の期待を裏切らないようがんばらなくてはならない。

私はローマからカトマンズまで飛行機のチケットを買った。無銭旅行をやっている私に、飛行機などという乗物はぜいたく極まりないが、カトマンズ合流までの日がなかったのでやむをえない。アメリカでかせいだ金に、このスキー場で得た金をはたいて買っ

たのだ。

ローマまで汽車で出、ローマでネパール入国のビザをとり、ローマからインドのカルカッタ経由でカトマンズに入った。カトマンズにはもう先輩の藤田佳宏さんをはじめ数名の先発メンバーがやってきていて、船で送った装備の梱包をほどいて、出発の準備をしていた。同僚の小林正尚もやってきていた。小林らに見送られて横浜を発《た》ってから、一年が過ぎようとしていたが、ついきのう彼らと別れたような気がする。みんなは、フランスからとび入りした私を仲間として快く迎えてくれた。フランスのスキー場は氷点下二十五度の寒さだったのに、二日もしないうちに、灼熱《しゃくねつ》の太陽の下にとんできたものだから、体の調子が変だった。

フランスを去る前、ヒマラヤのトレーニングにと、シュラフと一週間分の食糧をザックにつめ、テントは持たずにスコップだけを持って、スキー場の主峰レ・ゾー・フォール山に登ったものだ。そこから稜線づたいにスイス国境に出て二日の旅をやった。吹雪の中、吹きだまりにスコップで雪洞を掘り、夜中に入口を除雪しながら明かしたこともあった。

私がカトマンズに入ってから、高橋進隊長以下数名の残りの隊員がやってきて、隊員八名がそろった。私はポーターとしてでもよいと思っていたのに、現地で隊員として受入れてくれたのに感謝した。

二月も終わりに近づいた二十六日、二台のトラックに分乗して、宿舎のインペリアル・ホテルを出発してキャラバンに移った。

カトマンズの街も、パリのように歴史の古い街に感じられた。数百年、いや一千年以上も前に建った古い寺院や建物の中に人間が住み、社寺とともに生活していた。日本では古いものはもう国宝になり、過去のものとして飾られてしまっている。だからネパールでは、いっそう歴史が生きているように感じられるのだった。

カルカッタでは道ばたを宿に、ボロ布をまとった連中が、道行く外国人に金をせびる光景をうんざりするほど見たが、カトマンズの街は車も少なく、バザールも活気にみちて、街の人もインド人より落ちついているように見えた。

高橋隊長以下、藤田、平野、尾高、小林、入沢、それと長尾ドクターの明治大学ヒマラヤ遠征隊のめざす山は七六四六メートルのゴジュンバ・カン峰であった。この山はエベレストの北西三十五キロ、チョ・オユーの隣にあって、ネパール人はゴジュンバ・カンと呼ばずに、チョ・オユーⅡ峰と別名で呼んでいる。

カトマンズの街をぬけるとたちまち田園にかわった。道はトラックが通れるかどうかの狭さだ。村の軒下の石畳の上を通ったり、段々畑の中を走ったり、いまにもタイヤを踏みはずすのではないかと思われるオンボロ道を三時間走ってパンチカールに着いた。いよいよここからベースキャンプまで長いキャラバンがはじまるのだ（現在は、チベットへぬける立派な道が中国の手によって造られ、キャラバン行程を四日間ばかり短縮している）。

## キャラバンをかさねて

道ばたに三かかえも、四かかえもあるぼだい樹があり、その畑地の上にトラックの荷物をおろした。三十キロに梱包した荷物は百五十個以上もあった。われわれの隊が荷物をベースに上げるというので、近所からフンドシスタイルに素足のターマン族のポーターが集まってきた。彼らにとってはやせた田畑で穀物を作るよりも、遠征隊の荷物をかつぐ方が実入りがあるのだ。それにプレ・モンスーン（季節風の前）の農閑期だからみんな暇でもあったのだ。パンチカールからベースキャンプまで、もうネパールの交通機関は自分の足しかない。一日に何時間も歩き続ける彼らは、一銭の利益にもならないわれわれの登山をどう思っているのだろう。もしかしたら、彼らは荷物をかつぎながら、われわれが登山をするのは山に宝石でもさがしに入るのではないかと思っているかもしれない。

畑の中に装備を積み上げた横にテントを張り、それがキャンプ地である。われわれのまわりには、交通整理でもしなければならないほど黒山の人がどこからか集まってくる。カトマンズで雇ったシェルパたちが、そのたびに棒をふり上げて、黒山の現地民を追っぱらうのだ。

二月のプレ・モンスーンの気候は実にさわやかだった。青空は澄みきっている。まだ山岳地帯では冬の寒さがぬけきらないのだが、かすみがかかることもなく、つらなる山脈の峰々がひとつひとつはっきりと見えた。

出発のときは、現地民シェルパとポーター頭が、現地語で威勢のよい声をあげる。そんなときはわれわれ隊員の出る幕ではない。百五十個以上もあった梱包が、ポーターたちに次々にわたされ、たちまちなくなってしまうのだ。荷物を取ったシェルパは喜んで歩き出し、仕事にあぶれたポーターは、大声でグチをこぼす。穀物を売って得る収入の少ない彼らは、この仕事にあぶれると、まるで一番違いの宝クジを買ったときのように泣きを入れるのだった。

ネパールの屋根へ向かう百五十人のポーターのキャラバンは、われわれ隊員にとって、まさに大名行列であった。隊員はサブザックをひとつ背負い、暑い太陽の日ざしをよけるコウモリ傘をさし、ポーターのうしろをノンビリと歩けばよかった。白い山々を眺め、途中で茶屋に寄り、むしたジャガイモを食べ、地酒のチャンをすすりながら……。

だが私はこの遠征で満足感にひたることができなかった。他の隊員はみんなそれぞれ仕事を持っていた。しかし、途中から参加した私には担当が何もないのだ。ひとつひとつ三十キロに梱包された装備や食糧箱を見ても、この準備に東京で大変な苦労が払われたことがひと目でわかった。それなのに私は、その準備に何ひとつ参加せず、荷物も背負わずにブラブラ歩いているのだ。苦労が大きければ大きいほど、後でそれに比例した大きな喜びが返ってくるものなのだ。たとえそれが不成功に終わろうと、他のメンバーの人たちはきっと満足を得ることができるだろう。だが、私は登山が成功したって、彼らの十分の一の喜びも感ずることはできない。ヒマラヤに登らせてもらえたのだ、私はせめて縁の下の力持ちになり、この遠征の成功に百分の一でも貢献できればよいのだ。

キャラバンはくる日もくる日も続いた。尾根を登り、峠に出、谷をわたり、毎日一〇〇〇メートル近くも登り下りして十キロばかり歩くのだ。われわれ隊員が大名のように部下を引きつれ、荷物を持たせ、〝平民〟を下に見おろして歩く姿は、まさに徳川時代の参勤交代のようだった。それは正直なところ私の流儀とはほど遠いものだった。他の社会を知らず、ほかの国の人の登山という遊びのために奉仕しなければならぬネパールの人を、私はひどく気の毒に思った。子供が大人と同じほど働き、まだ小学生にもならない子供が二十キロも三十キロも背負って歩く姿は見るに耐えなかった。石ころの道を素足で歩く姿のなんとみすぼらしいことか。それでも彼らの顔に何一つ不満の表情はみられなかった。

われわれのキャラバンの道には、あたりの村から病人が集まってきていた。長尾ドクターは懸命に診察し投薬していった。キャラバンを開始して二十日、いよいよ山岳地帯に住むシェルパ族の集落、ナムチェ・バザールにたどり着いた。標高三七〇〇メートル。もうカトマンズ近辺のフンドシスタイルのターマン族はすっかり姿を消し、山岳民族であるシェルパ族にかわっていた。

鼻にリングをつけ、腰巻きをしているターマン族と違って、シェルパ族は毛で織った

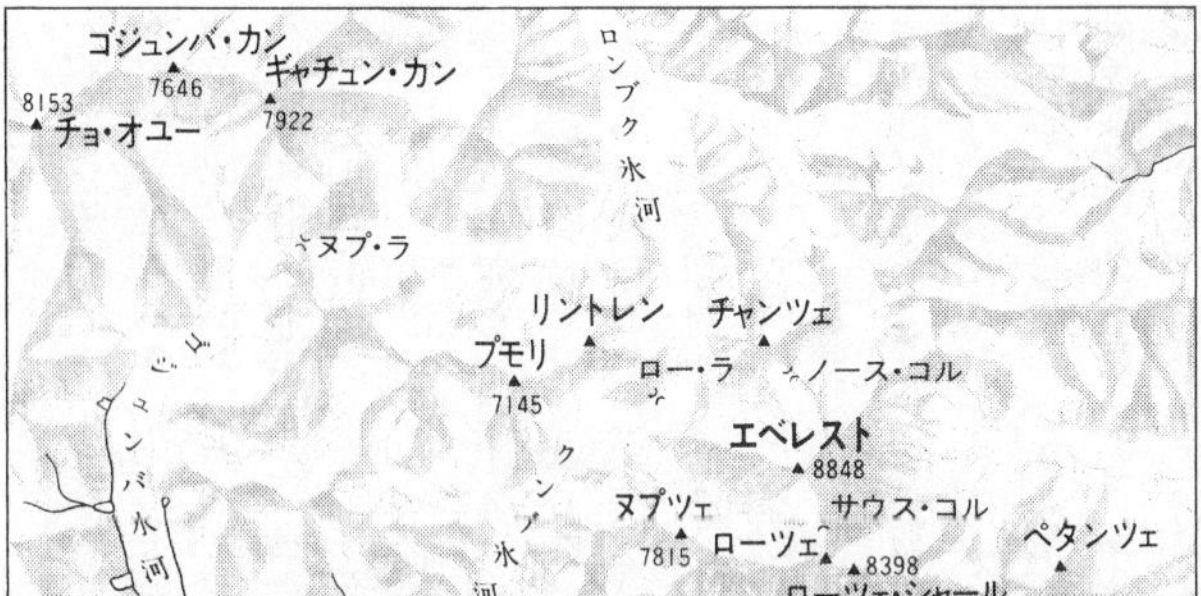

エベレスト山群地図

日本の着物のようなものを着ていた。キャラバン途中のチャンマという集落は、山岳民族との接点で、両民族が同じ集落に住み、隣合わせに農耕している。だが山岳民族のシェルパ族は着物をつけ、一方、平地民族のターマン族は腰巻きをつけ、自分たちの民俗を守るためか、一緒に生活しながらも、まったく違った風俗習慣を強く持っているのがおもしろい。われわれ日本人の習慣が欧米人とはまったく違うように。

わずか東京の人口と同じくらいしかないネパールの人口の中に、なんとたくさんの民族がいるのだろう。インド系の民族、北方からやってきたチベット系の民族。多くの民族が合体してひとつの国を形成しているネパールでは、われわれには想像もできないほど民族感情が強かった。その点、日本人はなんと幸福なことか。同一の民族であるということはすばらしいことだ。

アメリカにだってすさまじい白人と黒人の対立があった。いかに人間平等を唱えても異民族で思想が一致することは非常にむずかしいのである。日本人と顔の似ているシェルパ族は隣合わせに住む同じネパールのターマン族より、われわれに親近感を抱かせた。また不思議なことに、性質まで日本人と似ていた。特に地酒のチャン、ロキシー、チベット茶や、自分たちの食べものをわれわれにすすめるときは、

「シェー、シェー」(どうぞ、どうぞ)

といって、ことわっても、ことわっても、すすめてくれる。日本の田舎の人の親切心とそっくりだった。昼食がわりにする煮たジャガイモなど、自分たちの分がなくなってしまうのに、われわれに分けようとするのだ。文明に毒されていないから、シェルパ族は忠実で、登山のよき協力者になってくれる。風呂などにはもちろん入らず、一年に何回体を洗うのだろうか。チーズのようなにおいをプンプンさせ、休憩のたびに、シラミ取りをやっているのにはヘキエキするが、彼らと一緒にキャラバンをやることは実に楽

しい思い出になった。

## シェルパたちの歓待

上部に岩峰をのぞみ、山の中腹に家々が並ぶナムチェ・バザールは、クンブ地方の中心である。しかし、三七〇〇メートルの高さにあるから酸素が薄く、七〇〇〇メートル以上の山に登るというのに、隊員はもう軽い高度障害をおこしはじめていた。頭がチクチク痛み出し、シェルパの家に招待されて地酒を飲みまわるとき、かなりこたえた。

ここでは野外劇場のように、家々が丸く階段状に建ち並ぶ。家はみんな土と石で、屋根は板を割ったものの上に飛ばないように石が乗せてある。わが隊のシェルパの数人がこの村の出身で、

「サーブ（旦那さま）、ぜひ自分の家にきてくれ」

といって招待してくれるのだった。

丘の上にあるこの村の学校に泊まっていたわれわれは、招かれるままに彼らの家を訪問した。石を積み上げ、すき間を土でふさいだ壁の家は、入口が小さくて首をちぢめないと入れない。明かりとりのない一階は日中でもまっ暗で手さぐりで進まねばならない。ところが彼らについて行くと、足にヌルリとしたものがひっかかった。足を上げてさらに進むと、とつぜん動くものにつき当たり、それがなんとヤク（高地の牛）なのだ。腰

をすえて寝ているヤクにぶつかったのだから、ヤクは急に立上がって逃げる。こっちの方だってヤク以上にびっくりする。一階が牛小屋になっていて、足の下のヌルリはヤクの糞《ふん》だったのだ。急な木の階段を手さぐりでのぼると、一階より少しは明るい二階に出た。

「サーブ、ここに坐ってください」

と窓側の一段高くなった床の上に敷いてあるチベッタンじゅうたんの上に腰をおろす。二十畳もある部屋はまるで監獄なみだ。小さな一メートル四方もない木枠の窓が二つばかりあるだけで、目が慣れるまでに時間がかかった。目が慣れてくると、あたりのものがわかってくる。窓ぎわには炉があり、反対側の三段の棚には、ひとかかえ以上もある銅の水ガメが二つばかり、奥には穀物を入れる木箱のようなものが一個。天井はツツぬけで、プラネタリュームの星のように光がもれている。炉では薪やら、乾燥したヤクの糞を燃やし、トウモロコシやアワで造った地酒のチャンをあたためて、

「サーブ、シェー、シェー」

と赤子を抱えたシェルパの女房がすすめてくれるのだ。最初は見ただけでノドを通らなかった。コップには何か前のものが残っている。女房はその汚れを家の前に出て土でこすっておとした。自分の着物のソデで拭《ふ》いてチャンを注いでくれるのだった。その着物のソデはゾウキンよりも汚ない。ほとんどの家にトイレがなく、家の前でみんなシリをまくって用をたす。紙など使わず、おシリのまわりにくっつくと、棒きれか、小石を

持ってきて、こすりとっている。

しかし、せっかくの好意をことわることもできず、おせじにおいしいといってちょっと飲むと、「もっと飲め」と、またコップいっぱいナミナミと注いでくれる。チャンが終わるとなまのジャガイモをすりおろしたものを鉄板の上で焼き、トウガラシの入った辛いスープを作ってくれ、焼きたてのジャガイモの上に、ヤクのミルクからとったギーというバターをのせ、それを手でつまんで食べるのだった。腐敗したように悪臭の強いギーにはまいったが、これが五年後、エベレスト遠征隊でシェルパの家で越冬したときは強いにおいも気にならず、シェルパと同じようにおいしくご馳走になったのだからおかしい。

そのあと、こんどは別のシェルパに招待され、出されるチャンをもう結構といってことわると、

「自分の家の酒はうまくないからか」

といわれて、またむりやりに飲まされ、次第に彼らとの間に心が通うようになった。シェナムチェ・バザールの二日間の滞在は、完全にシェルパのチャン攻めにあった。シェルパはもともと酒が好きな民族である。酒は彼らの生活の中に生きている。エベレストで越冬したとき、氷点下何十度もの寒さの中でチャンをあたためて、生まれたばかりの赤子に飲ませるのも見た。酒がオッパイなのだから彼らが大きくなったときは推して知るべしだ。日本ならさしずめお茶のようなものだ。

## 登山中止か、続行か

われわれはナムチェ・バザールで休養をとったのち、再びベースキャンプへ向かってキャラバンを開始した。ナムチェの丘の上から、世界の最高峰エベレストが大雪煙を上げ、かさなり合う岩尾根の奥に黒い頭を出しているのが見えた。エベレストを見て「自分は旅に出てよかった」とつくづく思ったものである。エベレストから流れ下っているズド・コシ（ミルクの谷）の腹をトラバースし、標高四〇〇〇メートルのゴジュンバ氷河に入った。氷河の河岸にモレーン（石の堆積）ができ、そこには、夏にはモンスーンとともに青草が茂るとみえて、石造りの小さなカルカ（小屋）が点在していた。ここまでヤクを上げてきて放牧するのだ。氷河といっても、いろいろあるものだ。アルプスの最高峰からシャモニへ下っているボッソン氷河とは比べものにならない。幅四キロ以上もあり、その長さは、延々二十キロにも及んでいた。

このゴジュンバ氷河の末端の五〇〇〇メートルのモレーンの上にベースキャンプを設営したのは、カトマンズを発ってからほぼ一ヵ月以上も過ぎた三月末日のことである。ヒマラヤ初年兵たちも五〇〇〇メートルという高度なのにみんな元気だった。ベースキャンプに入る前、大雪に見舞われ、シェルパ族のポーターの半分のものが荷揚げを拒否して帰ってしまったことがあったが、無事全部の荷物をベースキャンプにあげ、キャラバンを終了した。

われわれのめざすゴジュンバ・カンは、八〇〇〇メートルを越すチョ・オユーと、八〇〇〇メートルにちょっと足りないギャチュン・カンの間を結ぶ稜線のいちばん奥にあった。チョ・オユーは女子国際隊の遭難悲劇をおこしたのち、西ドイツ隊に登られた。岩肌の双耳峰をのぞかせるギャチュン・カンは、われわれの入る前の一九六四年、長野県山岳連盟遠征隊によって登られている。そのとき隊員の大滝明夫氏は、稜線から一瞬の間にチベット側に消え、遭難死した。

ゴジュンバ・カンのベースキャンプから望むと、正面に三段にわたって大きなアイスフォール（氷瀑）が流れ下り、その奥に白いハンギング氷河をつけたゴジュンバ・カンの主峰が青空に白くそそり立っていた。ゴジュンバ・カンに登るには、このアイスフォールを乗越えねばならない。そのほかにはどこにもルートなどとれないのだ。ベースキャンプではアイスフォールのブロックなだれの轟音《ごうおん》でみんなの話もとだえ、そのすさまじさに私の心もふるえた。

ベースキャンプで一日登攀準備をしたあと、隊長は登攀開始を命令した。幅一、二キロもあるアイスフォールの真ん中にルートをとるわけにもいかず、第一段目のアイスフォールの下を横切って岩稜の末端となっている左岸にとりついた。

われわれは八人の隊員とシェルパ、ローカルシェルパ（荷揚げだけをするシェルパ）など十六人ばかりであった。アイスフォールのルート工作は、平野先輩をはじめ隊員とシェルパのペアでやった。氷にザイルを固定《フイックス》、苦戦してやっと五五〇〇メートルのアイスフォール上部にぬけ出し、第一キャンプ予定地に達した。

そしてわれわれはリエゾン・オフィサー（連絡将校）をベースキャンプに残し、全員で荷揚げを開始した。ローカルシェルパはひとり三十キロ、隊員は十五キロの荷物を背にベースを後にした。一時間で氷河を横切ってアイスフォールの取付点に出、アイゼンをはき、ザイルをつけてブロック帯の中を登りにかかった。途中で小休止、もうアイスフォールをぬけきるというとき、細長く延びていた隊列の後方で、ドドドンドーンと大音響が鳴りわたった。と、同時に隊員の金切り声の悲鳴が聞こえた。

入沢勝隊員が氷のブロックにやられたのだ。私は先頭にいたので、荷揚げ中のシェルパたちをいそいで第一キャンプに上げた。みんな入沢隊員の悲鳴と轟音にふるえ上がり、いっせいに、

「オンマニペメフム」

とラマのお経をとなえ出した。不安定なブロックの上にザイルを固定してルートをとっているので、いまにも自分たちの乗っている氷のブロックがくだけてきそうで、足を次の足場に出そうとしても、腰がぬけたようになって思うにまかせない。モン・ブラン単独登山の落下のときも恐ろしかったが、このブロックの崩壊も、いくら自分で避けようとしても全体がくずれるのでどうしようもなく、本当にこわかった。

入沢隊員は幸いにも体全体がブロックに埋まらなかったので、近くにいたシェルパと

隊員によって掘り出され、安全な場所に収容された。だが彼は、頭と足にブロックの衝撃を受けていた。頭は皮がひき裂けて、顔面を血でまっ赤に染め、左足はまがらなかった。シェルパの元気なものが、アイスフォールの下部まで背負っておりた。

そこに臨時テントを張り、ドクターは切り裂けた頭を縫いこみ、看病にあたった。隊長は突然の事故に見るのもかわいそうなくらいしょげかえり、まったく口もきけなかった。

しかし、ドクターの活躍はめざましかった。昼夜、不眠不休で入沢隊員の治療に当たり、ベースキャンプへ、「状態きわめて良好」の通信を送ってきた。みんな喜びにわきかえった。山で一緒に登ってきた仲間を失うということはどんなにつらいことか。もう望みもないかと思っていた矢先だっただけに、それは登山に成功した以上にみんなを喜ばせた。

それから数日後、隊長はテントの中で、登山を続行すべきか、中止するかの岐路に立たされていた。隊長は全隊員の意見を聞いた。

私は、

「当然続行すべし」

と申し出た。もちろん山は危険だ。だが、この危険を克服しなくては登れないのは当たり前だ。ここで回れ右をするのでは入沢隊員の事故もまるっきりのムダになってしまう。私はそのルート工作要員でも、ボッカ要員でもなんでもやろう。私はこの遠征隊に横っちょからとびこんだ男だ。これまで何もできなかったのだから、これから役に立たなくてはいけない。そのためにはなんでもやろう。私はそのためにいまここにきているのだ。

## アタック隊員となる

隊長は登山続行を決めた。再び荷揚げをはじめたが、ローカルシェルパの半分は、

「もうこれ以上危険なアイスフォールを通るのはいやだから、やめさせてくれ」

と、ベースキャンプを後にして帰ってしまった。人員は少なくなったが、それだけいっそう強い意志で結ばれた。

ところが天の試練は一回ではすまなかった。第一キャンプから、さらに第二キャンプへのルート工作に出ていた平野・ドルジェのパーティーにアクシデントが起こった。第二段目のアイスフォールを登攀中、ドルジェが目の上に氷のブロックを受け、それが肩に当たった。まぶたの上がすっぽりと切れて目がとび出し、肩の骨が折れた。

ドクターはドルジェの顔を二十六針も縫った。しかし、もう、

「中止すべし」

という声はひとつも出なかった。慎重に前進キャンプを進め、落差五〇〇メートルの第二のアイスフォールをまわりこみ、第三のアイスフォールも脱して第四キャンプを主

峰の壁の下七〇〇〇メートルに設営した。氷をけずって四、五人用のテントを張り、これが最終キャンプである。

隊長は六〇〇〇メートルの第二キャンプに腰をすえ、通信機と、大きな双眼鏡で指揮していた。最終キャンプを設営したころ、サーダー（シェルパ頭《がしら》）をはじめシェルパの中にはかなり動けないものが出ていたが、幸いにも天候はほとんど雲の出ない晴天が続いていた。気温もそれほど下がらず、手が冷たくて行動ができない日は一日もなかった。太陽が昇ると、雪の上は夏がやってきたようだった。日中の直射日光はギラギラと雪に反射し、皮膚を痛めるほどだった。

第一次アタック隊の平野、小林、ミンマの三人が下ってきた翌日、私とペンバ・テンジンは第二次のアタック隊として頂上をめざした。第一次アタック隊は七〇〇〇メートルの最終キャンプから、ハンギング氷河を乗越え、上部に横たわるクレバスや壁と夕方まで闘ったが、ついに頂上へ届かなかった。その苦闘の様子はベースキャンプばかりか、全キャンプからはっきりと見上げられた。

私など隊長から命ぜられるまでこのゴジュンバ・カン峰のアタック隊に選ばれるとは夢にも思っていなかった。この遠征が自分のものでないこと、現地参加の私はこの遠征隊のために一銭も支払っていないこと、計画にたずさわっていなかったことなどから、私はせめて成功のための〝動力源〟になることに徹しようと思っていた。それが、入沢隊員のアクシデントに続き、シェルパのアクシデント、ローカルシェルパはやめて帰ってしまうなど、いろいろなことがつみかさなるうちに、私はいつの間にか浮かび上がり、最終キャンプ建設の命を背負った。さらに第一次アタック隊のサポート隊となり、第一次隊の不成功で最前線へ立たされたのである。

しかし、私は人をさしおいて人の上に立ちたいなど思わなかったので、できることなら他の隊員に第二次アタックをやってもらいたかった。

第一次隊はシェルパのミンマの調子が悪かったようだ。同じ五人用の狭いテントの中で、小林隊員が平野先輩に、

「あそこで引っ返そうなどといって済みませんでした」

などとあやまっている姿を見ると、彼らにもう一度登頂のチャンスを与え、私はそのサポートをさせてもらいたかった。だが、隊長の命に従わずにはいられなかった。

## ゴジュンバ・カンの頂に立つ

四月二十三日、失敗した第一次アタック隊の三人に見送られて、まだ夜の明けぬ朝五時、ペンバ・テンジンと私の二人は完全装備にアイゼンをはき、ザックにはカメラとトランシーバー、ザイル三〇メートル予備一本、テルモス（魔法瓶）に紅茶をつめて、ザイルでつなぎ登っていった。満天の星は夜明けとともに消え、うす明かりの中を二人は黙々と登った。

第一次隊が引き返した地点までは出発して二時間少々で着いた。その先は壁とクレバスのルートの開拓だ。四、五〇メートルもあるクレバスの底に下り、登って乗越えたかと思うと、こんどは高さ六〇メートル、傾斜七、八十度の氷の壁にぶち当たった。われわれの行動を、第二キャンプから双眼鏡で見守っている隊長がトランシーバーで指示してくる。

「植村君、君の前のクレバスをわたって、右に向かって登り、そこから壁を登れ！」

私は懸命だった。隊長のいわれるままに忠実にやろうとは思う。だがしかし、われわれの前には、十キロも離れた第二キャンプからはとても見られない小さなクレバスが、いたるところに開いている。疲れて休むと、またトランシーバーがどなる。

「君は右も左もわからないのか。なぜ左にまわった。このバカヤロー！　早くそこからまっすぐ正面の壁を登れ！」

「ハイ、わかりました」

疲れた体をやすめる暇もなく、下からの命令にはしたがわねばならぬ。が、七、八十度もある急な氷の壁を見上げたペンバは、「インポッシブル」を連発して登ろうとしない。私が先頭に立ち、取付点から壁にハーケン（岩釘）を打ちこんだ。そして一歩一歩足場を切り、体をおそるおそる引上げた。七〇〇〇メートル以上での人工登攀。足を滑らせれば下で私を確保してくれているペンバ・テンジンの頭の上に落ちる。その下に、さらに底を通ってぬけている四、五〇メートルのクレバスが続く。ちょっとのミスも許されなかった。氷壁用《アイス》ハーケンをベタ打ちし、ザイルを通したが、登るにしたがって壁は急になり、下を見ると恐ろしくてアイスハーケンを打つ手に力が入らなくなる。壁に入ってしまうと、上部はこの壁が何メートル続いているのか見当もつかない。ザイルが二〇メートルに伸びたとき、ついに行きづまった。体をハーケンに確保し、壁の中で、ザックをほどき、もうこれ以上進めないことを報告するため、トランシーバーをとり出した。スイッチを入れるが早いか、隊長の声――

「植村君、もう少しだ。がんばってくれ。われわれは一九六〇年春のマッキンリー遠征でも二十四時間苦戦して頂上を勝ちとったのだ。なんとか切りぬけてくれ」

ゴジュンバ・カンにかける隊長の強い心がトランシーバーをビリビリふるわせる。私はもう引っ返したいなどと口には出せなかった。

「はい、なんとか切りぬけます」

下でもう引き返すと思っていたペンバは、さらに登ろうとする私を見て不満そうに、

「ゴーバック、ゴーバック」

と、くり返した。私にはペンバの気持がわかった。これ以上続行して登りきったところで、すでに出発後十時間近くも過ぎている。この壁を無事に引き返せる保証は何もないのだ。

しかし、私はつぎのピッチで壁の上にやっとぬけた。そこからは意外に単調な雪の斜面となり、上部におおいかぶさるように立っている恐竜の背のような稜線を見た。雪の

斜面をトラバースして堅雪のルンゼ（急峻な岩溝）に出たが、そのルンゼをつめてついにチベット国境の稜線に出たのだ。ここからは頂上はすぐ頭の上に見え、稜線をペンバ・テンジンに引っ張られながら登った。まるで井戸の水を汲《く》むツルベのように、ペンバに引っ張り上げてもらった。私の体は、あの壁ですっかり消耗しきっていた。

荒漠としたチベット側を見ると、下から高く見上げていたギャチュン・カン峰も、いまはほとんど変わらぬ高さで目の位置に見えた。

「ウエムラ・サーブ、もうこれで頂上です」

ペンバは頂上の雪のピークの手前で私を先頭に立たせてくれた。七〇〇〇メートルの第四キャンプを出発して十二時間、夕やみのせまる午後五時五分過ぎ、ついに私たちは七六四六メートルの未踏峰ゴジュンバ・カンの頂に立ったのだった。私は隊長に報告した。

「どうも遅くなって済みません。ただいま頂上に着きました！」

「とうとうやったか！　植村、ペンバ、どうもごくろうさん」

隊長の涙声がトランシーバーを通して頂上まで伝わってきた。私の心は使命を果たした満足感にあふれた。涙は出なかった。ギャチュン・カンの後方に、夕映えのエベレストがひときわ高くそびえているのが印象的だ。このとき、あのエベレストに自分が登るチャンスがやがてやってくるなどとは夢にも思わなかった。この頂に立ってから五年後、こんどはエベレストの頂から反対にゴジュンバ・カン峰を見おろしたとき、私は感慨無量だった。

## 胸に残るもの

私たち二人は休養する暇もなく、頂上で記念写真をとり、すぐに登ってきたコースをたどって引っ返した。帰路、ベースキャンプまでどうして下るかということで不安だった。

案の定、壁の上におりたときには、もう足もとが見えないほど暗くなっていた。そこからは、第四キャンプの上まで迎えにきているサポート隊の懐中電灯の明かりが二つチラチラ動いていた。

われわれは最後の手段として予備ザイルを一本壁に置き、二回の懸垂下降（ザイルに身を託して下降すること）でやっと壁を脱した。だが、朝の紅茶のほか、ビスケットとチョコレートという簡単な昼食以外なにも食べていない体は、あまりにも疲れ果てていた。酸素ボンベは持っていなかったし、死にかかった魚のように、口をパクパクさせるばかりで息苦しい。そしてクレバスに下がってぬけようとしたところで、もう二人は重力にさからって体を上へ持ち上げる元気は持ち合わせていなかった。

元気だったペンバ・テンジンも、もうクレバスの底から登ろうとしなかった。二人はクレバスの底で抱き合ってうずくまった。もう下から出迎えに出ているサポート隊の姿も見えない。サポート隊が救いにきてくれることを願うばかりだ。

朝、出発したときと同じように、星は空一面にまたたいていた。気温は何度か。ザックの中に温度計が入っていたが計る元気もない。それどころか、こんなに空腹なのにザックの中にたった一個残ったアズキの罐詰《かんづめ》をとり出して食べる元気すらなかった。私はこれで、もうすべてが終わってしまうのではないかと思った。毛の下着の上にセーターとヤッケしか着ていない。これで七四〇〇メートルのクレバスの中でビバーク（不時露営）することは不可能に思われた。しかし、抱き合っていると、ペンバ・テンジンの体温が私の胸に伝わってきてあたたかかった。私の呼吸はペンバ・テンジンの二倍近くも速かった。彼はフランス隊のジャヌー・マカルー遠征隊に参加したときもらったあたたかい羽毛服を着ていた。死ぬのはペンバ・テンジンより私の方が先に違いなかった。

そのまま夢うつつで寝ていた。夢の中で、きょうまでのできごとが交錯して浮かんでは消えた。あたたかいシュラフが目の前にあって、体を入れようとするのだが、いくらもがいても入れない夢も見た。夢からさめると、私は、ペンバのあたたかい羽毛服をふるえながら抱きかかえていた。

自分がまだ生きているのを知ることができたのは、星空に明るい朝が訪れたときだった。われわれは最後の力をふりしぼってクレバスをぬけ出し、すぐ下まで迎えにきていたサポート隊に収容された。

このゴジュンバ・カンの登頂の成功をみんな喜んだが、私だけはこだわりがあって、どうしても心から同じように喜びにひたる気持になれなかった。私が頂上へ登ったといっても、この遠征隊が自分のものでなかったこと、それに他の隊員のようにこの遠征に出るため、骨身を削ったわけではなかったからだ。会社の仕事のあと、徹夜で計画し、準備をした人たちと私とは遠くへだたっていた。そして、私自身は他の隊員よりすべての面で劣っていると思う。自分はもっと自分をみがき上げ、自分という人間を作らねばならないことを、この遠征でさとった。私がこのあと、強く単独遠征にひかれたのはまさにそのためだった。どんな小さな登山でも、自分で計画し、準備し、ひとりで行動する。これこそ本当に満足のいく登山ではないかと思ったのだ。

隊長は、

「お前は隊員でただひとり頂上に登ったのだから、一緒に日本へ帰れ」

と、私にいわれた。しかし、私はそのときにはもう日本へ一緒に帰る意思はなかった。私の心はヨーロッパ・アルプスへの、またアフリカへのひとり旅へと向かっていた。帰路、キャラバンの途中、日本から送られてきた新聞の一面に、

「明大隊、未踏峰ゴジュンバ・カン登頂、登頂したのは植村隊員」

と大きな写真入りで載っていた。他のメンバーの写真は小さくて、親指ほどしかなかった。頂上に立ったというだけで、デカデカと紙面を埋めている自分の写真を見て、穴があったら入りたかった。私は頂上に登らせてもらっただけなのに……、この隊を推進した主力のメンバーのことがまったく載っていないのだ。新聞のこの報道の仕方は本当

に不満だった。これではみんなに申しわけない。私はアブラゲをさらうトンビにはなりたくない。一刻も早く、みんなから離れて、ひとりになりたかった。

私はカトマンズに着くとみんなに別れを告げ、この遠征でもらった登山装備をザックいっぱいにつめて、またひとり旅に出た。日本に帰るつもりはない。インド国境を越え、インドを縦断してボンベイ（現・ムンバイ）に出、そこから船でまたフランスに入った。

# マッターホルンの黒い十字架

## 新たなる闘志

私がモン・ブランと、マッターホルンにひとりで登ったのは、このゴジュンバ・カン遠征が終わってから一年も過ぎてからのことである。

ジャン・ビュアルネ氏のスキー場から一ヵ月間の有給休暇をもらい、一九六六年七月、一度は失敗したモン・ブランの登頂に執念を燃やして成功したのだった。そのころシャモニの街は、前とかわって夏の登山シーズンである。ザイルを背負った登山者やパリをはじめヨーロッパの街々からやってきた避暑客でにぎわっていた。

私はシャモニの街のスポーツ店でピッケルを買った。「シモンスーパーD」という特殊鋼の穴あきだ。日本で出している門田、山内《やまのうち》などのピッケルより感じが柔らかく、愛着が持てた。靴はモン・ブランのイタリア側にあるクールマイユールの街に行って、イタリア製のドロミテの靴を買った。このピッケルはきょうまで私の片腕として、世界の五大陸の全部の最高峰に立ったシロモノだ。

せっかく休暇をとり、ピッケルと靴まで買ったのに、シャモニの七月の天気は思わしくなく、くる日もくる日もシトシトと雨が降った。私は、雨の日はテントの中でじっとして暮らした。テントは、はじめてシャモニにきたときと同じところに張ったのだ。自分の旅を思いかえすのも、また楽しかった。

私がカトマンズで隊員と別れ、このモン・ブランにやってくるまでの一年間というものも思い出がたくさんある。

カトマンズから陸路ボンベイに出たとき、私のポケットにはほとんど金はなかった。ボンベイからマルセイユにわたる船賃すらなかった。私はボンベイで、自分の持っているカメラだとか時計を処分して船賃をつくることを考えた。

ボンベイまでの三等の汽車は、いつも素足でフンドシスタイルの、低いカーストの人間でごったがえしていた。駅に汽車が止まっても満員なので、みんなが乗り終わらないうちに汽車は出発してしまう。車内は飽和状態だから、乗り遅れまいと窓からも乗り降りする。

私も彼らにならって体を入れようとしたが、ザックがひっかかってなかなか入れない。それで最初に窓からザックを投げ入れ、われもわれもとスズナリになっている入口に割りこんでやっと体を車内に入れた。ところが、さっき窓から投げこんだはずの自分のザックがプラットフォームに投げ出されているではないか。あわてて拾いに窓から出なければならない。

やっとの思いで窓からザックもろとも乗りこんだと思ったら、頭の上にヒビ割れした汚ない足がブラブラしていて、汽車がゆれるたびに私の頭をけとばす。車内の荷物棚の上にまで、首をまげ、足をたらして客が乗っているのだ。身動きがとれないのでトイレに行きたくとも、動けず、車窓からたらした。夜は堂々とやったが、日中はみんなに目を向けられるのにはまいった。

しかし、おかげで終着駅ボンベイに着いたときは、もう平気で道端でも寝られる勇気がついていた。パトナの駅では、人にまじって駅の中でごろ寝したが、ザックの中のカメラなど貴重品を盗まれてしまうのではないかと心配だった。

ボンベイで満員の汽車から解放されると、回教寺院を捜した。回教の寺院では金をとらないで境内で寝かせてくれるという話を聞いていたからだ。しかし、見つけたのはなんと日本山妙法寺という仏教寺だった。私は妙法寺の好意にあまえて、寺の本堂の裏に泊めてもらった。

ボンベイで受けた親切はそればかりではない。ボンベイ郊外の「ジャパン・インド・デモンストレーション・ファーム」という農業試験場の日本の方々にお世話になった。辛いカレーや、小麦粉をねって焼いたチャパティ、木の葉にのせた豆類の煮付を街頭で食べていた私には、農場でご馳走してもらった日本食が実にうまく、いまでもその味が忘れられない。そのうえ、加納さんなど農場のみんなから「登頂祝い」といってせん別まで頂戴した。フランス行きの船に乗れたのも、その親切のおかげである。私はなんという幸福者だ。どうやってお礼をしたらいいのか。山に登ることしかできない私には何もできない。

私は日本とマルセイユの間を航行しているフランス船のラオス号の人となった。船の中では三食が保証され、お金の心配なしに食べられるのは天国だった。チーズも、ワインも、パンも、どれもこれもすてきにおいしかった。現在（一九七一年）は中東戦争で不通のスエズ運河を、砂漠を見ながら通りぬけた。

地中海に入りフランスに近づいてからは、上陸してからの足しにしようと、ぬけ目なくパンなど食糧の確保につとめた。食事が終わってから、みんなの食べ残したパンや肉などをポリエチレンの袋を持っていってつめこんだ。肉は腐らないよう塩をまぶして包んだ。船の切符を買うと、また無一文になった私は、マルセイユからジャン・ビュアルネ氏のスキー場まで約四百キロをヒッチハイクしなければならない。パンをためこむのが人目につくのは恥ずかしかったが、自分の生活のためだ。恥ずかしいなどとはいっておれない。コジキも恥ずかしがっていてはできない。たっぷり一週間分はザックにつめこむことができた。他にも日本からやってきた、たくさんのザック組がいた。彼らは三度の食事も満足にとらず、フランス料理はまずいとか、何は口に合わないとかゼイタクをいっていたが、彼らには、私の十分の一も旅ができまい。

「金のない旅だから、どこかアルバイトがないか」

と、私に聞いてきたが、

「日本食しか食べられない旅人にアルバイトはないぜ」

といってやりたい。

## レマン湖畔の療養

マルセイユに着いてから四日目に、私はヒッチハイクでやっと、ジャン・ビュアルネ氏のスキー場にたどり着いた。ジャン・ビュアルネ氏は、私がゴジュンバ・カンの頂上に立ったことを知ると、自分のことのように喜んでくれた。

翌日からスキー場の拡張工事の仕事をもらって、汗水を流した。金がないから、モーレツに働かねばならなかった。

だが、体がおかしかった。思うように体が動かない。立っていると体がふらつき、貧血をおこしたようにだるく、目まいさえ感じた。とうとう部屋のベッドに横になり、もうそれっきりおき上がれず、仕事を休んだ。下痢と嘔吐《おうと》で、上から下から食べ物が全部出てしまった。

自分のベッドで三日間寝て、なんとかなおそうとがんばった。だが、胃が食物をよせつけず、体は衰弱する一方だった。医者にみてもらいたくても、その金がない。自分で療養するより方法はなかったが、仕事仲間が私の変わりはてた姿を見て、車でモルジンヌの町の医者に連れていってくれた。

そこで、私はもうモルジンヌのスキー場に帰ることを許されず、その場で救急車に乗せられ、三十キロ下ったレマン湖畔のトノンという町の病院にかつぎこまれてしまった。

医者はフランス語で病名を書いてくれたが、さっぱり意味がわからない。

　下痢は強く腹痛をともない、体はだるく、目まいがして死んでしまうのではないかとさえ思った。病院のベッドに寝かされても、あまりの苦しさに赤ん坊のようにギャアギャアわめき、暴れた。ところが、二人ばかりきた看護婦は私の両手や両足を押え、ホッペタに往復ビンタをくらわせた。思わぬ白衣の天使の強襲に、私は仰天して痛みもフッとんだ。そのこわい看護婦さんに、私は何度も、

「死なないか、死なないか」

と、しつこく聞いた。

病院に入ってからも、体はいっこうに回復しない。食事を全然うけつけない。もう山登りだの、金だのどうでもいい。一刻も早く、このひどい腹痛、目まいから脱出できればと祈った。病名は、黄疸《おうだん》であることがわかった。鏡で目を見たら、黄色くなっていた。

　こうして一ヵ月間、私はフランスの病院生活をした。自由に歩けるようになり、体の衰弱もとれ、食欲もでてきたころ、医者とは関係ない経理課の方から、

「ムッシュー・ウエムラ、一日七十フラン（約五千百円＝当時、以下同）の入院費を払ってください」

　といわれた。うかつな話だが、私はなおりたい、なおりたいの一心で、入院費のことなどちっとも気にしていなかった。困ったことになったが、一銭も持っていない。

「退院してから……」

と逃げたが、どうしても支払えと迫られる。

「もし支払えない場合は日本大使館に引渡す」

というえらい話になった。しかし、これぱかりはまったくどうしようもない。

「ない袖はふれない」

というのはフランス語でなんというのだろう。

そのうち、ジャン・ビュアルネ氏のスキー場から使いがやってきて、私の入院費を支払い、私を引きとってくれた。そのうえ、自分の家で家庭療養の面倒までみてくれたのだ。

こんなことがあって、このスキー場に居着く私の決心はいよいよ堅くなった。そして、その一九六五年の暮れから六六年の春四月末まで、私は恩返しのためにも日曜日、祭日を返上して、スキーパトロールに徹した。スキーシーズンが終わり、七月の夏がやってきたとき、私はアルプス登山のために一ヵ月の有給休暇に恵まれたのである。

雨に打たれての数日、私は、シャモニのテントの中で、一年間のできごとを思い浮かべた。自分は本当に幸せ者だなと思った。

**モン・ブランのパノラマ**

いよいよモン・ブラン登攀の開始だ。シャモニの街から少し下ったレ・ズーシュからゴンドラで上の駅シャラミオンへ登り、そこからサン・ジェルベから出ている登山電車に乗りつぎ、登山電車の終点、ル・ニ・デーグルの駅から登りはじめた。そこはモン・ブランの西側で、たくさんの観光客が登山電車で上ってくるので大にぎわいだった。そこから、一五〇〇メートルの高度差を、雪渓を通り、崩れおちそうなほど急な岩尾根をつめて登り、その夜は三八六三メートル地点にあるエギーユ・デュ・グーテの山小屋に泊まった。翌日の夜明け前、アイゼンをはいて小屋を出発した。

雪の尾根から切れ落ちたビオナセイの氷河を見おろし、反対側にはこの前ヒドン・クレバスに落ちて死にそこなったボッソン氷河が見えた。シャモニ谷から針のように見上げられるエギーユ・デュ・ミディも、すぐボッソン氷河の対岸に同じ高さで見えてくる。天候もよくなってきたので、スイス側に連なるアルプスの岩と雪の山々の頭まで見えてきた。雲ひとつない晴天である。アイゼンのツメもよくきき、雪面につきささる音が心地よい。野球場がとれるほど広々としたドーム・デュ・グーテを通り、モン・ブランに一番近い小屋、バロ小屋にはいるまで出発から二時間ちょっとだった。その高度四三六二メートルにある小屋からはモン・ブランの主峰がすぐ雪稜の上に見えた。

スリップしないように、アイゼンの紐《ひも》を慎重に締めなおして一歩一歩、バロの小屋から一時間半ばかりで頂上に着いた。白く、広くて馬の背のように細長い頂上……。まだ太陽が斜めからさす朝七時半ごろのことだった。二年前転落した失敗の雪辱を果たし、私は欧州大陸の最高峰四八〇七メートルに立っていた。

頂上からの展望のすばらしさが私の喜びを倍増した。グランド・ジョラスの壁も、シャモニの針峰群も、ひとつひとつ手に取るように見わたせた。それどころか、イタリア・スイス国境にある欧州第二の高峰モンテ・ローザも、マッターホルンもひとめでそれとわかった。

下山の途中、一九六六年の一月、インド航空のボーイング機が乗客乗員百十数名を乗せて墜落した現場付近を通った。残骸《ざんがい》が一キロ四方にわたってこっぱみじんにとび散っているのが見られた。私は、その残骸の一片をモン・ブラン登山記念として持ち帰った。

## 魔法つかいの帽子の上

このあと私はシャモニからモン・ブランの腹をつきぬけてイタリアにぬけるトンネルをバスで通り、クールマイユールで乗りついで、マッターホルンのイタリア側の町、チェルビニアに入った。標高二〇〇〇メートルある。

マッターホルンというのは、きれいな三角錐状に立っていると思ったら、イタリア側から見るマッターホルンは、親子峰である。尖《とが》った主峰の南西側に、ピック・チンダルという子峰がくっついている。マッターホルンという呼び名はスイス側のドイツ名であるが、イタリア側では、チェルビーノと呼ぶ。両側から見るマッターホルンは形がまったく違うので、国によって呼び名が違うのもあたり前のように思えた。

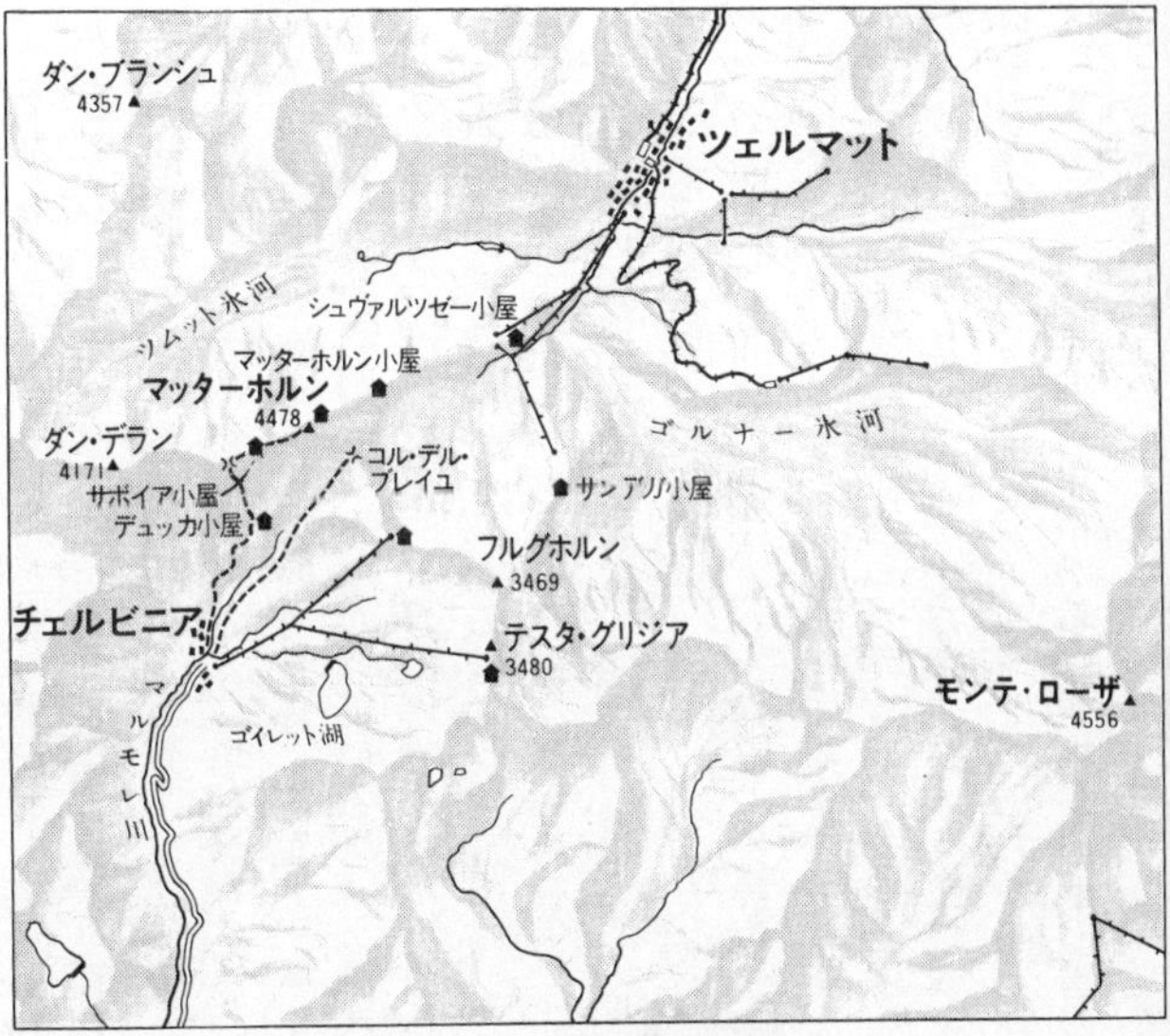


マッターホルン付近地図

私はこのチェルビニアのキャンプ場にテントを張り、男性的な形をしたマッターホルンをイタリア側の西稜から単独登攀した。

チェルビニアから雪渓を登りダン・デランとの間にある鞍部《あんぶ》に出た。さらに岩稜をつめて、三八〇〇メートルのやせた岩稜が切りくずれたところに、イタリア山岳会の古ぼけた小屋がある。この小屋に泊まったが、翌日は天候が悪く、小屋で停滞、登頂は七月二十五日のことだった。

朝十時に出発したとき、まだ前日の悪天候が残り、雪がちらついていた。小屋のすぐ裏に固定されたロープを登り、岩と雪の不安定な斜面をトラバースして直登、ピック・チンダルのコブを、四つんばいになって通り、最後の頂上への壁を登って西側のピークに出たのだ。登攀のコースに二ヵ所ばかりロープが固定してあるとはいっても、あの魔法つかいの帽子のようなマッターホルンに単独登攀するのは実に恐ろしい経験だった。

あるところではザイルの一方を体に固定し、ハーケンを三ヵ所ばかり打ってぬけねばならなかった。一般ルートとなっているスイス側ヘルンリ稜は日本人もたくさん登っているが、イタリア側はあまり登山者もない。小屋の登山者名簿はかなり古いものだが、日本人の名はひとつも見あたらなかった。ヘルンリ稜と違って、イタリア側の西稜は岩壁登攀となり、ハーケン五本、カラビナ（ハーケンなどにザイルをかける際、その仲介をする金属製の輪）二個、それに三〇メートルザイル一本の単独登攀は、まかり間違えばあの世行きの危険なものだ。

それだけに、午後四時半、頂上に立って黒い十字架を見つけたときは、

「やった、やった！」

と大声で叫ばずにはいられなかった。

頂上から大きな十字架と小さなキリスト像の横を通ってヘルンリ稜を下り、ソルベー小屋に着いたとき、モンテ・ローザにあたっていた陽《ひ》はすでにかげりかけていた。翌日ヘルンリ小屋の手前で尾根からはずれ、東壁の雪の斜面を下り、国境の稜線を越えてチェルビニアに帰った。

チェルビニアのイタリア人も親切だった。マッターホルンを登り終え、店にいって話をしていると、コーヒーを出してくれた。あまり意味がわからないイタリア語だったが、私を祝福し、好意をもってくれているのはしみじみわかった。

八月まで、まだ数日あったので、私はそのあと危険な山旅からのがれ、チェルビニアの近辺に咲く高山植物を採って歩いた。道からはずれた手の届かない岩棚の上に、エーデルワイスの花を見つけたのはうれしかった。誰に見られることもなく風にゆれ、七、八輪の花を咲かせているのだった。そのエーデルワイスの姿は、私を感傷的にした。人の目につくような登山より、このエーデルワイスのように誰にも気づかれず、自然の冒険を自分のものとして登山をする。これこそ単独で登っている自分があこがれていたものではないかと思った。

八月、私は再びモルジンヌのスキー場に戻り、拡張工事にダイナマイトを仕掛ける仕事をやったりした。エアーコンプレッサーをつかって、鉄の棒のドリルで岩場にダイナマイトの穴をあけるのは重労働だったが、汗を流して熱中できる仕事には充実感があり、満足だった。八月というのに、仕事場のレ・ゾー・フォールの山の下では、ときたま雪がやってきた。

九月に入ると雪の回数はさらに増えた。十月になると雪が一面に降って仕事ができなくなることもあった。アルプスでは九月になると麓《ふもと》の林も次第に黄ばみ、十月には枯葉となってブッシュの山は裸になってしまう。

日曜、祭日ともなると、村人はみんな仕事の手を休め、車で旅に出たり、街のバーでビールやコーヒーを立ち飲みしたりする。モルジンヌから四キロ離れたスキー場の駅の下まで車できて、ボール投げをして楽しむ人もいる。若いカップルはアルプスの牧場の上で、秋の柔らかい太陽を受けながら愛をささやき合う。土曜、日曜の夜ともなれば、モルジンヌのダンス場は村の若者であふれる。時間を知らせる教会の鐘の音が、遠く私の宿までも鳴り響いた。

私はモルジンヌの町へは食糧の買いつけのほかは出なかった。一週間に一回出て、一週間分のパンやジャガイモ、野菜、肉を買うだけである。自分の部屋の中で、山でつかう石油コンロをたき、自分で炊事をしていた。ジャガイモが主食になった。おもに細長く切ったフレンチフライだが、ゆでたりして、マーガリンをつけ、スープと一緒に食べることもある。ゴジュンバ・カン遠征のことを思うと、パンを食べたり、肉を食べたりのフランスの生活はかなりぜいたくに思われた。長パンは二日も置くとすぐ堅くなった。一週間の後半は、堅いパンをくだいてスープに浮かべて食べる。そうすると、味がかわっておいしかった。

日曜日は一歩も外に出なかったが、いろいろ仕事があった。一週間分の洗濯、つぎのプランニング。日本と違って日曜日に部屋にとじこもる者は変わり者といわれたが、別に気にもとめなかった。よくモルジンヌの若者が宿までダンスの誘いに車でやってきたが、出なかった。私は黄疸を病んでからはアルコールとコーヒーを飲まないと誓っていたのだ。

フランス人はアルコールが好きである。食前、食中、食後にやる。食事前には席に着く前にバーのカウンターで松ヤニくさいソフトなアルコールを傾け、食事中は日本のお茶を飲むようにテーブルのワインをガブ飲みし、食後にはコニャックやウイスキーといった強いものを飲んだ。食堂には必ずカウンターのバーがあった。コーヒーもアメリカのものとちがい、小さなカップながら濃いヤツを飲むのだ。

それが食事中だけならよいのだが、二人よれば、仕事中でもなんでもバーに入ってコーヒーやビールを飲むのだから、金のない私はとてもつきあうわけにゆかなかった。相手が飲み代を払ってくれても、飲ましてもらったからには、いつかは自分が支払わなければならない。しかし、コーヒー一杯分で二日は食べられる長パンが一個買える。だから黄疸を機会に、アルコールやコーヒーをやめたのだった。誘われても、

「飲めないので……」

と断わりやすかった。村の女の子がダンスに誘いにきてくれるのに、私は金の節約のため断わった。それは若い私には苦しいことだった。私だってできることならせめて月一回ぐらいは存分に遊びたかった。

しかし、私はそういうとき、いつもぐっと歯をくいしばり、ゴジュンバ・カン遠征を思い返すことにした。私を旅先で助けてくれた人たち、明大山岳部の先輩や仲間を思い出すことにした。こうして私は自分の享楽のムシを押し殺したのだ。

# アフリカの白い塔

## 四等船室でアフリカへ

アルプス山行をやってまもない一九六六年九月下旬、私はアフリカへ行くことにした。アフリカ大陸の最高峰キリマンジャロ（五八九五メートル）とケニヤ山の単独登山のためである。

アルプスから帰って、ジャン・ビュアルネ氏にそれとなくこの計画を話してはみたが、アルプスから帰ったばかりなので、こっちは少々気がひけていたのだ。それをこんなに早く行かせてくれるなんて、まったく望外の喜びだった。

九月二十三日、マルセイユからケニヤのモンバサ港行きの船、ラ・ブルドネ号に乗りこんだ。地中海からスエズ運河をぬけて紅海へ。この一万八千トンのフランス客船が夕日の海に小波を立てて進んでいくと、白く塗りたてた船体の手すりは赤く染まった。私の席はない。三等よりももっと下のドクトアーという四等席なのだから。荷物を積み入れる船底の広間がこの四等の部屋である。部屋というよりは監獄という方がふさわしい。

船はモンバサ経由で、マダガスカル島を通り、インド洋の孤島レユニオンという人口数十万の島まで行く。船客の大半が髪のちぢれたアフリカ黒人だった。ベッドのない四等部屋は黒人ばかりで白人の顔はどこにも見あたらなかった。窓のない暗がりの中で黒人の白い目玉ばかりが、ギラギラ光り、慣れるまでは、いつフクロだたきにされるかとビクビクした。しかし、心配無用、彼らは白人よりはるかに親切だった。変わった人種、それも汚ないザックを持った変なヤツがいるので、みんな私のまわりに集まってきた。

「どこからきた」

「どこへ行く」

「アフリカへ山登りだ」

「どんな山だ」

「キリマンジャロ、ケニヤ山」

「そんな山は知らん。どうして山に登るのだ。そこには何かあるのか」

「何もないさ。ただ好きだから登るだけだ」

「どうして山が好きだ」

彼らはアフリカに住んでいてもキリマンジャロも知らない。そんな山は彼らが生きるために必要ないことなのだ。彼らは山に登れば何か金になるものがそこにあるのだろうと思っていて、

「好きだから遊びに登るのだ」

といっても、どうしても信じてくれなかった。

「遊びだったら、わざわざ日本からきて登るのに、こんな人間扱いもしてくれぬ四等な

どに乗らなくてもよいのに」

というのが彼らの論理だった。なるほど、自分の生活を犠牲にしてまで遊びをやることはないという彼らの話ももっともだった。朝になると、彼らは船底にゴザを敷く。そして、アロハシャツのような模様の入った腰巻き姿でひざまずき、ムスリムの神に祈りを捧げるのだった。

こんな四等船室ではあっても、私の心はアフリカの山に向かって新芽のように伸びつづけていた。ひとつのものが終わると、またつぎの新しいものがはじまる。私の気持はいつも新鮮だ。

私は人のよいアフリカの黒人たちがすっかり好きになってしまった。彼らも白人以上に日本人の私に親しみを感じてくれたようだ。私は彼らと腕ずもうをやり、教えられるままにアフリカの歌を歌った。私には世界に国境はないと思われた。ケニヤで話されているスワヒリ語も、この船の上で彼らから少しは習うことができた。船の生活は満足だった。食事も与えられた。デコボコの一枚のサラと、コップ、フォーク、スプーンを持っていき、コックに頭をさげて盛ってもらうのだった。コックはフランス人で、よく黒人といい合いをやった。

「食べさせてやる」

といわんばかりの態度で黒人に対していばり、人によってその量をかえていた。黒人とのケンカはいつも、メシの分量が発端である。食事が終わったあとは、自分でサラを洗い、それを確保しておかないとつぎの食事は食いはぐれる。

スエズ運河をぬけてからは船底は熱気に満ちた。フライパンの上にいるような具合だ。いても立ってもいられないから、私はお手のもののシュラフを持出し、星を見ながら、潮風に吹かれて甲板で寝た。朝方になると、シュラフも、体も、潮風でベットリになった。スエズ運河航行中の日没は忘れられない。船でいっぱいになるほど狭い運河を静かに通っていくと、小学生の絵のように、大きくてまっかな太陽が砂漠のかなたに落ちていくのだ。

マルセイユを出て二週間目、船はケニヤの港、モンバサに入港した。港に入るとき、アフリカの奇妙な木、バオバブが目にとまった。幹がふといのに枝は根っ子のように細い。白人はバオバブの木を〝アップサイド・ダウン・ツリー〟（上と下をひっくり返した木）といったが、なるほどうまいことをいう。本当に枝が根っ子に見えるのだから……。

マダガスカルへ帰る黒人の友に別れをつげて船のタラップをおりた。黒人たちは甲板の上から、

「ボン・ボヤージ」

と大声で叫び、手を振ってくれた。

赤道直下にあるモンバサは日中四十度を越え、直射日光の下では立っていられないほどの猛暑だった。毎日雪を見、残雪の上で仕事をしていた私には、この暑さはこたえた。衣類を着ていることがわずらわしく、半パンツ一丁になって歩いた。

## 野獣の国ケニヤ

モンバサから汽車で首都ナイロビへ。ナイロビで山の食糧を買いこんでから、ケニヤ山の裾野にあるナンユキという小さな町に入った。このナイロビ行きの汽車は一、二、三等と分かれていたが、三等料金は二等の半分だし、現地民と直接ふれあうことができるのは、私にとって一石二鳥というものだ。日本と違い一、二等の列車と三等の列車はまったく別なのである。

モンバサからナイロビまで四百五十キロ。汽車で十六時間、料金は日本円で約八百円だった。八百円では、フランスだと百キロも乗れない。

夕方出発した汽車は、時折りランプをぶら下げた名ばかりの駅にとまりながら、アフリカの暗黒の中を走り続けた。ガス灯の下では煮豆だとか、カラ揚げの肉などの〝駅弁〟を手づかみで売っていた。人の群がる店で、一シリング（五十円）も出すと、雑誌の紙につつんで両手でかかえきれないほどの煮豆をくれた。

板を置いただけの私の席の横には、たまげるほどおシリの大きい娘さんが坐っていた。カールした髪をきれいに編み、耳の横で紐でとめていた。すぐ前の席には二、三歳の子供を連れた母親が坐っていた。話もなし、私は退屈なので、子供にベロを出したり、しかめっつらをして遊んだ。食べきれない煮豆を分けてやると、喜んでムシャムシャと食べた。

夜は隣の娘さんの足の上に半パンツの足を乗せて寝たが、何も文句をいわなかった。

夜が明け、外を見ると、さすがは野獣の国だと思った。サファリの映画の中で自分が主人公になり、原野を走りまくっているような錯覚におちいった。もうそこはモンバサで見たパパイヤの木などはなく、一面トゲのあるアカシアの低い木が枯れた草原に生えているだけである。その草原の中に、シカ、ダチョウ、野牛、シマ馬の群れが現われては消え、動物園の中を走っているような具合だった。そして、見わたす限り、サバンナが続いていた。

このあたりは、標高一五〇〇メートル以上の内陸高原である。ちょうど乾期なので青葉はひとつも見られず、アカシアの木だけが茂っていた。そんな草原の中のところどころに、丸い屋根をバナナの葉でふいた土壁の小屋が点在していた。小屋の前には土壁の色と見分けのつかない裸の黒人がいて汽車を見守っていた。小屋のまわりにイバラのある枝木を立てた垣根があるのは、野獣から身を守るチエにちがいない。

しかし、ケニヤの首都ナイロビの街は高層ビルが建ち並んで美しく、街路にはブーゲンビリアの赤い花がこぼれんばかりに咲きみだれていた。私は中心からはずれた街の一角にある黒人住宅街で黒人用ホテルに宿をとった。食事なしで十五シリング（七百五十円）とはいささか高いが、中心街にある白人用ホテルのことを思うと、何分の一も安かったからがまんした。シャワーもなく、トイレは共同使用である。トイレの便器は黒人のちぢれ毛で汚れていて、さすがの私もその便器に腰かけるのを躊躇した。

パイナップルの産地だから大きな玉を一個二十五円も出せば買えるのはありがたかった。私はインドにいるときと同じように、キュウリに塩をつけてかじった。インドではパパイヤをことあるごとに食べて腹をふくらませたが、ケニヤのパパイヤは見ただけでうんざりした。

私はタバコを吸わなかった。タバコひと箱分で新鮮なフルーツが食べきれないほど買える。タバコよりは、フルーツの方がはるかに実質的である。

ナイロビではインド人が商業権をにぎっていた。高層ビルの中では、貴金属、ラジオ、ステレオ、衣類、靴などの皮革製品と、誰が買うかと思われるほど高価なものばかり売っていた。

その大きなビルの銀行や店では、原住民の黒人の姿など見られないのだ。ケニヤは一九六三年イギリスから独立して共和国となっているのに、インド人がこの国の商業を牛耳っているのは奇妙なことに思われた。黒人街のダウンタウンでも、店の奥には必ずといってよいほどインド人の目が光っているのだ。

私は自分の国が、インド人の手にとられてしまっているような気がした。半世紀も前にケニヤの海岸からウガンダへの鉄道建設に技師としてやってきたインド人たちが、そのままケニヤの商業を握ってしまったということだ。原住民の黒人たちが、外からやってきた人たちに支配されるのはどこか間違っているのではなかろうか。

## あるクラブでの一夜

ナイロビを発ってナンユキに着いたとき、夜の十時をまわったばかりというのにあたりは真っ暗、どこにも街灯さえない。駅には電灯もなかったから、プラットフォームを手さぐりで歩かなければならなかった。

ナンユキに、ヨーロッパ人の経営するホテルがあることは知っていたが、なにぶんフランスを出るとき百五十ドルしか持ってこなかった。バカ高いヨーロッパ人のホテルなんぞとんでもないことだ。ホテルに泊まらなくても、背中には野営する道具は全部そろっている。

駅長（といっても彼はたったひとりの駅員だが）に、

「ケニヤ山に登りに日本からやってきたのですが、夜おそいから、この車内に泊めてもらえませんか」

と英語でやってみた。

駅長は、

「この列車はすぐ隣の駅まで引っ返すんだ」

と、冗談をいうなといった顔をした。

「それじゃ、このプラットフォームで今晩だけ寝てもいいですか」

と聞くと、

「プラットフォームは人の寝るところではない」

とやられた。黒人だってこんなところで寝るヤツはいないのに、〝ヘンな日本人〟と思ったらしかった。

「実をいうとあまり金を持っていない。ホテルは高すぎるから、どこかに泊めてくれるところはないか」

駅長は最終便を送って、帰り支度をしていたときだったので、私を車に乗せて駅から走り出した。右も左もよくわからない街を走ること十分で、ある家の前に止まった。

駅はランプさえついていなかったのに、この家には電灯がついていた。よく見ると前の看板には、

「ナンユキ・ハイライフ・ナイト・クラブ」

と英語で書いてある。二階に上がってみると、バンドが鳴り、薄暗がりの中で若い男女がリズムに乗って腰をふり、踊り狂っていた。外国人だから金を持っていると思い、こんなところに連れてきたのだろうと私は考えた。ところが、駅長はこのクラブの女マネジャーを呼び、

「このクラブの倉庫に泊めてやってくれ」

と交渉をはじめた。そこは、アメリカの農場で働いているとき、移民局につかまってブチこまれた監獄部屋のようにベッドがひとつあり、部屋の端には、椅子や机のガラク

タが積み上げてあった。

駅長は私に、

「ここでＯＫか」

といった。彼はときたまくるのか、白い肌をした女マネジャーと親しそうに話している。

彼が帰ってから少しバッドに横になったが、二階のバンドの音、ダンスの足ぶみの音が耳に入って落着けなかった。マネジャーが二階へ上がってこいといっていたので、ズボンをはき、ランニングシャツでダンス場を見に上がっていった。

マネジャーは足がスラッとして白人の肌をしていたが、頭の髪は黒々と波うっていた。あきらかに混血だった。踊りにきているのは、みんなこの付近の村の若者であった。娘っ子はプリント地のガラの入ったシャツ、スカートを着ていて、日中見る裸足《はだし》ではなかった。ピカピカのビニール靴をはいている。青、オレンジ、黄の原色のプリント地は、カールした髪をうしろで編んだ彼女らにぴったりしていた。バンドに合わせて、肩に手をやり、輪になってシリをすり上げるようなダンスは私をしびれさせた。いくら見ていてもあきなかったが、汽車で疲れていたので、マネジャーと握手をして部屋に帰らねばならなかった。その騒ぎは夜遅くまでつづいていた。

翌日目がさめたらもう十時をまわってしまっていた。旅の疲れもあったし、部屋といっても窓がないので、夜が明けても部屋の中は暗闇なのだ。外の空は晴れて、太陽がさんさんと照っていた。裏の草原に出てみると、立山の剣岳のような形の山が、裾野の上にそそり立っていた。それがはじめて見る赤道上の山、ケニヤ山である。レナナとピーク・ピゴットの間に、ネリオンの塔峰を浮かばせている。ゆるやかな裾野は黒々とした密林帯になっていた。

登山ルートを調べ登山許可をとるため、町のはずれの橋を渡ったところにある、ナンユキ警察署へ出かけた。

「私は日本人ですが、このケニヤ山をひとりで登るためにフランスからやってきたのです」

「君がひとりでこの山へ入る？　ひとりで君が？」

と門のところに立っていた黒人の警察官に二度ばかり問い返された。

そして、目をまるくして、奥の部屋に案内し、ターバンをまいたインド系のシーク教徒の署長に会わせてくれた。

「君がひとりで登るのか？」

「ケニヤ山登山のため日本からやってきたのです。それでケニヤ山のルートと、あなたの入山許可が欲しいのです」

「君は中国人とちがうのか。ちょっとパスポートを見せてくれたまえ」

私が日本人といっても信じないのだ。

「これが私のパスポートです。私は中国人でもベトナム人でもありません」

と、私は署長の机の上にパスポートを置いてみせた。どうも私はアフリカに入ってから、会う人ごとに中国人、中国人とよくいわれた。

「私は日本人だ」

というと、にっこり笑って握手を求めたりするのだ。日本人というと、世界を相手に戦った国というイメージがあるのか、それとも彼らの村のすみずみまで浸透したラジオ、カメラ、衣類、日用雑貨など日本製品のイメージから、日本人は「すごい」と思っているのか、日本人に対して非常に好意を持っているのは確かだった。ヨーロッパでは、もう日本人があまり多くて向こうでもなんとも思わないらしいが、このアフリカの署長は私が日本人であることに感心するのだった。

「どうしてひとりでケニヤ山に登るのだ？」

「どうしてって……。つまりケニヤ山は赤道上にあって、アフリカの中でもキリマンジャロ山についで高く、一番美しい山である。日本では小さいときから、学校で、ケニヤには動物も多く、美しい国であることを学んだから……。ひとりで登るということは、つまり親しい相手が見あたらないためです」

どうしてかと問われても、山に登ったことのない署長に、山登りは……と、いくら説明したところで理解などとても無理である。自分でもどうしてもひとりで登らなければならない理由などというものがないのだ。ただなんとなしに自分ひとりで登れそうな山、楽しめそうな山が、このアフリカのキリマンジャロ、ケニヤ山であると思い、フランスからやってきただけなのだった。

「君ひとりでケニヤ山に登るといっても、ここから見えるとおり、ケニヤ山には密林帯を通っていかないと登れない。裾野の密林帯は数キロメートルにもおよぶ。ここにあるような道はないのだぜ。そのうえ、この密林帯がケニヤ自然公園になっていて、豹や象などの猛獣がいっぱい住んでいる。ひとりでそんなところを通過するのは危険だよ」

署長はそういって、壁にはってあるケニヤ山域の地図を手で示して見せた。

「だけど……。なんとかこのケニヤ山にひとりで登りたいのですが……」

「ケニヤ自然公園入園の許可はいつでもすぐに出すが、君がひとりで密林の中に入って動物にやられても、また、ケニヤ山の中で岩場から落っこちても、それはまったく君の責任だよ。ところで、君は鉄砲を持っているかい?」

「いや、何も持っておりません」

「それならやめるべきだ。ジャングルの中のひとり歩きは絶対にできん。ケニヤ山へぬける道はあるけれども、途中は湿地帯で、象の通り道になっている。やめろとはいえないが、ひとりのケニヤ山は絶対に危険だ」

彼はこういって、部下を呼んで何か調書をとりにやらせた。

「君、この写真を見たまえ」

と、署長はかなり古いファイルされた調書の中の一枚の写真を見せた。それは動物に腹部を喰いつかれた死人の写真だった。

「小人数パーティーで、ケニヤ山に登りにきたものが、このジャングルを通過中、豹に喰い殺されたのだ。君もこんなことになりたいのかね。本当に命の保証はないぞ」

「うん……」

と私は言葉につまった。

ケニヤ山の登山が、意外に恐ろしいことを私ははじめて知った。だが、ここでやめるか、それとも多人数なら動物も逃げるというから、黒人を十人ばかり雇ってキャラバンを組んでやるか……。

とはいうものの、黒人を雇う金など持っていないのだ。ホテルに泊まる金さえ持っていないで、ナイトクラブの倉庫に泊めてもらっている身じゃないか。登らないでケニヤを去るか、それとも決行するか。

しかし、私をこのアフリカにこさせてくれたのは、あのジャン・ビュアルネ氏ではないか。この夏モン・ブラン、マッターホルンに行ったばかりなのに、すぐアフリカ山行のために、快く有給休暇を許してくれたジャン……。もしケニヤ山は危険だったから登りませんでしたといったら、どんな顔をされるだろう。危険なのははじめからわかっていると笑われ、私という人間はもうこれで終わりかもしれない。

いや、オレはなんとしてでもやらねばならないのだ。単独登攀はいつの場合にも危険なのはわかっている。それを承知の上でやっているのだから、自分で危険に直面もせず、他人にいわれただけで中止するとはまったくいい訳にもならない。

私は署長の反対を押し切って、ケニヤ山の登山をすることに心をきめた。署長は少なくとも四、五人のポーターを引きつれてジャングルを通過するようにすすめたが、金のない私は、どうしてもそれを受けいれられなかった。道も何も知らないので、ひとりだけ黒人ポーターを雇って案内人とした。

「隣の村から登りなさい。そこには派出所があるから、そこで君はケニヤ登山に関して便宜をはかってくれるようたのみなさい」

と署長は私に、派出所への手紙を書いてくれた。

私はこの手紙を持って自分の部屋に帰ったが、署長の見せた一枚の写真が気になり、倉庫のベッドで横になったきり、ただ天井を見上げて、心が静まらなかった。

いつしか二階では、昨日のバンドが鳴りはじめ、村の若者が集まってきた。きょうもまた、踊りがはじまる夜がやってきた。だが、私は腹ペコなのに食事をとる気にもなれなかった。何か自分の目先が見えているような感じがした。明日はこの手紙を持って隣の村へ行き、ケニヤ山の登山を決行するのだ。もう後には引きさがれない。たとえ、このオレが猛獣のハラを満腹させてやる始末になっても。

ダンスは音を高めた。自分の動揺する気持をおさえようとダンス場にゆき、飲めないアルコールを無理に二、三杯あおった。あでやかな色彩のシャツやスカートを着たひとりの黒人娘が、シリをふるダンスをやめて私のところに寄ってきた。この夜はまさにオレの最後の夜となるかもしれぬ。

私は黒人娘の母性愛にひたって朝を迎えた。黒人娘は色は黒くとも、気だてがよく、純情だ。生まれてはじめて私は男になり、思い残すことはなかった。

ナンユキからオンボロバスの左の窓にケニヤ山を見ながら、草原を時速五十キロばかりでつっ走り一時間半ほどで隣の村、ナロムロに着いた。派出所といっても名ばかりの小さな平屋の一軒家に、三人の若いポリスが半パンツの姿でこん棒を腰にぶらさげていた。

**ジャングルの奥ふかく**

ナンユキの署長からあずかった手紙をわたすと、彼もまた目をまるくして私を見つめるのだった。だがもう、私は何をいわれても心は意外に落着いていた。ポリスのはからいで、

「ひとりじゃごめんだ」

といやがるキクユ族の黒人をひとり雇った。彼の名前はジョンといった。彼はケニヤ山のジャングルの外に住んでいるが、意外にも英語ができ、元気そうなまだ二十歳代の若者だった。

「一日食事付きで十シリング（五百円）。無事終わったら、一日分のチップをくれ」

と私にふっかけてきた。私には一日十シリングなんてとても支払うことはできない。

一食二シリングとかからないのに、食事付きで十シリングとはけしからん。私はふたこと目には、

「ノーマネー」

をくり返し、一日九シリング、チップには無事案内し終えたら、いまはいている毛の靴下と、この下着をやるということでけりがついた。

彼は、いままでに二回ジャングルを越えてケニヤ山に入ったことがあるというが、たった二人での登山ははじめてだそうだ。

私は万全を期して早朝に出発することにした。そして、一日でジャングルをぬけてしまおうと思った。村といってもあたりに人家はなく、派出所の裏に五、六軒あるだけ。そして、一面にゆるやかな、枯れた草原が広がっていた。最後の晩を、この派出所の前の庭でテントを張ってひとり寝た。

赤道直下とはいえ、高度二〇〇〇メートル以上あるナロムロの夜はめっきり冷えこんで、半袖シャツではいられなかった。星が煌々《こうこう》と輝き、ケニヤ山が浮かび上がってきれいな夜だった。明日からはじまるケニヤ登山の恐怖と、昨晩はじめて味わったあの娘のことが思われ、なかなか寝つかれなかった。

モンバサに着いて八日目の十月十四日、私はジョン君に起こされ、ねむい目をこすりながらテントをたたんで出発の用意をした。ジョン君は山に入るというのに、木綿のボロのシャツを着、その足には指から先がまる出しのこれまたボロ靴をはいている。背に

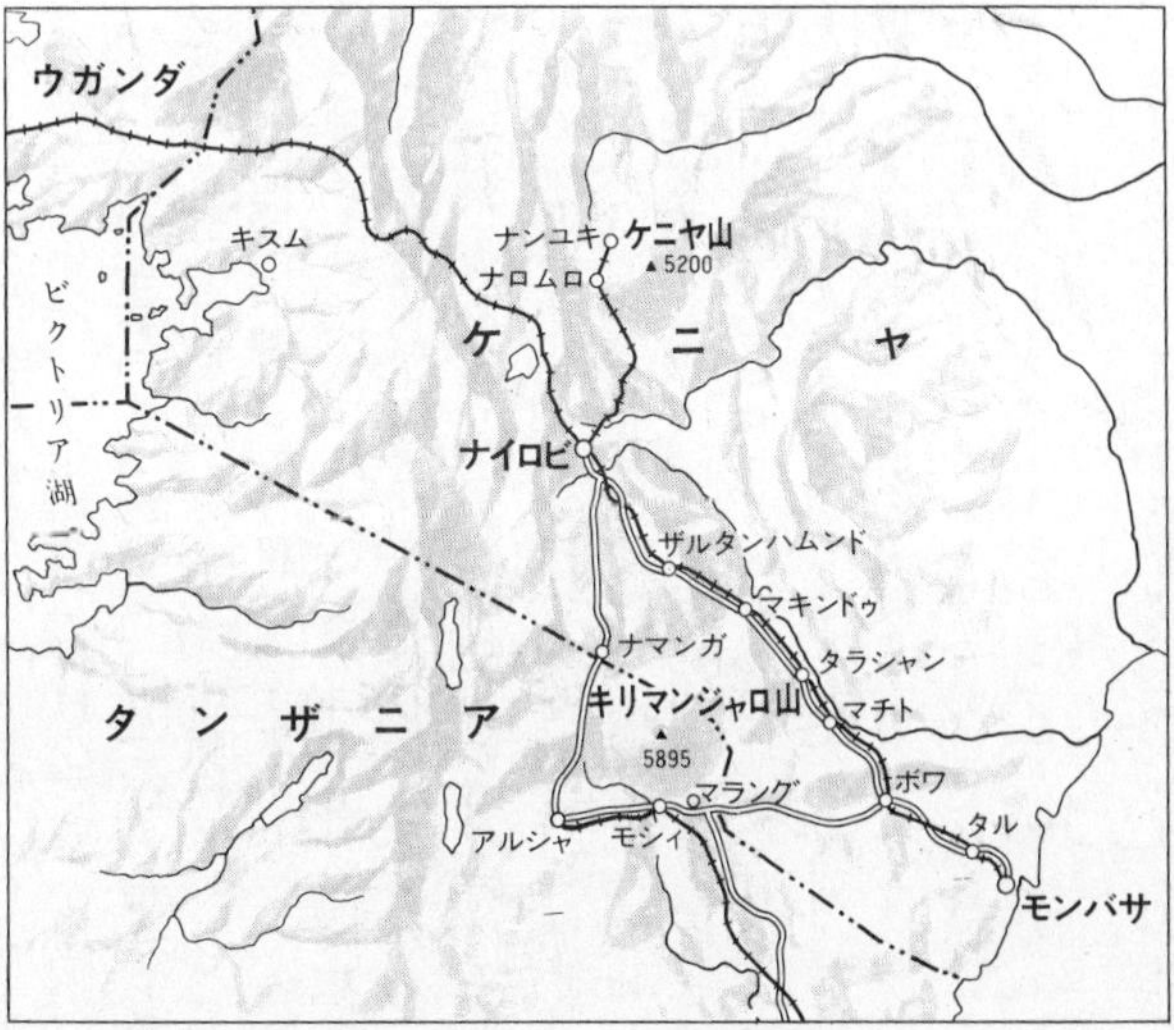


ケニヤ・キリマンジャロ付近地図

まるくまいた一枚の毛布があった。ケニヤ山のガイドといっても、雪の上はおろか、とても岩の上など歩けるスタイルではない。

「ジョン君、それでケニヤ山に入るのか」

と尋ねると、

「イエス」

と平気で答えた。

ここから見上げるケニヤ山は頂上あたりは雪も降り、氷河もある岩と雪の峰である。だが、この赤道上では、雪も他の地域と違って冷たくないんじゃないかと本気で思ったりした。二人のための一週間分の食糧は、米、パン、玉ネギ、ニンジン、オレンジ、生肉などである。

ナロムロから警察のジープで密林の入口まで運んでもらった。十五キロか、二十キロあったろう。ケニヤ山の入口には小さな小屋が一軒あり、木の棒を横たえたゲートがあった。この密林の中での猟は、ケニヤ政府から許可をとらねばならないのだ。番兵がいてチェックしている。ときどき密猟にもぐりこむヤツがいるらしい。

「入山期間は五日。五日目に必ず下山してくる」

と連絡し、二人でいよいよケニヤ山の密林をめざして入っていった。

ジョン君は、私に密林の通過のしかたを教えてくれた。この密林の中にはライオンはいないが、人を襲う危険な動物がいる。特に恐ろしいのは、野牛と象と豹だという。

野牛が出てきたときはザックを捨て、手近の木によじ登れ。象が出たときはいちもくさんに大きな木の間をジグザグに逃げろ。象はいつも群れをなしてやってくるから遠くからでもすぐわかる。また、豹が出てきたときは絶対に背中を向けて逃げてはいけない。目と目をじっと合わせてその場を通過すればよい。多人数のパーティーなら、動物の方から逃げ出してくれるが、小人数だと反対に襲いかかってくるというのだ。こっちの武器といえば、ジョン君の刃渡り六、七十センチのタンガーという蛮刀と、私のピッケルだけである。狩猟にやってきたわけではないから、鉄砲などはない。私は、自分の食糧と装備の入った大きいキスリングザックをジョン君に背負わせ、自分はサブザックを持った。

草原とジャングル森林帯は、はっきりと分かれている。森林帯の入口にあるゲートをくぐると、昼間でも完全には下まで陽のとどかない、灌木《かんぼく》や隠花植物のおい茂るジャングルと化した。車の入れる道が上部へのびているから安心したのもつかの間、道は狭くなり、毎日スコールがやってくるから道はドロンコ。そこがなんと象の通り道となっているのだ。大きなタライのような穴をあけた象の足跡に水がたまり、歩きにくいことおびただしい。

先頭はジョン君。笹などが群生して先の見通しがきかないところでは立ちどまり、耳をかたむける。何もいないのを確認すると、私にひとさし指を一本立てて合図を送ってくれ、私は後にしたがった。

いつも密林の外側に住み、シカなどの密猟のためこのジャングルにくるというから勝手も知っているようだ。非常に目と耳がよく、枯葉一枚落ちる音にも聞き耳を立てた。彼が歩みをとめ、耳をすます表情を見ていると、私は、何かを見つけたんじゃないかと、心臓が止まるほどドキン、ドキンと高鳴った。

彼の指示に従ってザックの背負いバンドに腕を通さず、両肩にひっかけているだけで、いざというとき、いつでもザックを投げ出して逃げられるようにしていた。そして、ピッケルの柄を強くにぎった。手は緊張のあまり、あぶら汗でベットリした。

ジャングルに入って一時間も過ぎただろうか。とつぜん前を歩いていたジョン君は、歩みをとめて私の方へ引っ返してくるではないか。

「What ?」

思わず二、三歩引きさがりながら尋ねてみたら、彼は手を口にあて、

「声を出してはいけない」

と合図をしている。よく見ると二〇メートルと離れていない笹の中に、黒く動くものがいる。野牛だった。野牛は、われわれには気づかず草を喰《は》んでいた。

二人は、教訓どおり登れる木を見つけていた。だが、よく見ると、このドウモウな野牛も確かに恐ろしげなツノはつき出ているが、小さいとき毎日世話をした田舎の牛とたいして違わない。そう思ったら、恐ろしさというものが消えてしまった。私はいつでも野牛が襲ってきたときは木によじ登れるよう木の下に行きながらも、ジョン君の反対を押し切って、サブザックからカメラをとり出し、数枚のシャッターを切った。

まだ湯気の立つ大きな象の糞を見、密林脱出ももうすぐというところまで登ったとき、突然、ジョン君が再び大きな目をむいた。肌がまっ黒だから、目玉をむき出すと白く大きく光った。そのすごい目で方角を示した。

五〇メートルほど離れたところの大木の一番下の枝に、山猫のような小さい豹が、じっとこっちをにらんでいた。灰色のような毛に黒い斑点があり、豹だとすぐにわかった。見つけるまでは何がとび出すかとこわかったが、小さくて赤ん坊のようだったから、こわくはなかった。でも、その近辺の木陰からでかいのがとつぜん襲ってきはしないかとビクビクして通った。

## 赤道直下の嶺

四時間半近くかかったジャングルの通過も無事終わった。そこはもう平地では見られないイソギンチャクのような木、熱帯性高山植物が群生するケニヤ山の裾野だった。視界もきき、動物に襲われることもないと思えば、奇妙な熱帯性高山植物の庭園から見上げるケニヤ山の氷をつけた岩峰の姿は、すばらしい絶景だった。

草原を登り、オボロ菊の中をくぐりぬけるようにして通り、ケニヤ山の主峰から流れ下っているテレキバレーに出たとき、太陽は西のアベルデア山脈に沈んで、主峰の西壁の氷に最後の光が反射して美しい。

氷河の冷たい水が流れる小川のそばに、トタン張りのバラック小屋が一軒あり、そこに泊まる。もうそこは富士山より三〇〇メートルも高く、標高四〇〇〇メートルを越していた。

夕方、冷たい風が吹きおろしたかと思うと、雪があたり一面を白く化粧した。ジョン君は持ってきた毛布にくるまり、コの字になって寝た。私が寝つかれないで、ここまでの密林の通過を思い出しているのに、大いびきである。

雪まじりの空は、翌朝はぬぐったような晴天、ケニヤの主峰が行く手に立ちふさがっていた。

さすがに四〇〇〇メートルという高度はいくら赤道直下といっても寒かった。昨夕降った二、三センチの雪が枯草の上にのっていた。朝の茶の水を汲みに小川へおりると、川辺にも白く氷が張っていた。ジョン君に水汲みをさせ、朝食の炊事を手伝わせたいのだが、寒いといって毛布にくるまったまま起きてこない。仕方ない、自分で用意をし、パンにジャムをつけ、熱いコーヒーをすすった。ジョン君はやっとあたたかいお茶を飲んで動き出したかと思ったら、小屋の外へキジを撃ち（排泄のこと）に行き、雪に震え上がって帰ってくると、

「Too cool」

と毛布をかぶって寝てしまう。いったいどっちが雇われているんだ……。

彼がやっと私のザックを背負って小屋を出発したのは、太陽が昇り、白く化粧した雪がすっかり溶けたお昼前である。ジョン君は密林の通過では実によく私を導いて働いてくれたが、密林帯からぬけると人が変わってしまったかのように元気を失い、口数も減ってきた。彼のはいている指先の出たボロの運動靴では、登り歩ける状態ではなかった。それでいて、登山前は、

「オレはケニヤ山に二回も登山者をガイドした。一日十シリングくれ、チップをはずんでくれ」

とはよくもいったもんだ。

しかし、さすが赤道の上だ。直射日光を受けると、信じられないほどあたたかかった。

小屋を出てさらに谷をつめ、ネリオンとバティアンの頭をならべた主峰の西壁の下を通り、ガラ場を登ると、ケニヤ山岳会の小屋が二軒、流れ下る氷河の傍《そば》に建っていた。元気のないジョン君を引っぱり上げるようにして二人で小屋に入った。

四七〇〇メートルを越すこの小屋にくるとケニヤ主峰もいっそう近く、氷河をはさんだ対岸の大きな岩壁の上に、ピークをつらねていた。登ってきた谷を見おろすと、裾野には森林帯が帯状にケニヤ山をとりまき、そのむこうはサバンナ地帯となり、川沿いにこんもりとした灌木の林が見えた。われわれが通ってきたナロムロの村も……。

## ケニヤの雪と湖

翌朝まだ太陽が昇らぬうち、私はジョン君を小屋に残して登った。冬山の完全装備で、アイゼンをはき、ザイルを肩にまき、ピッケルをさして、一歩一歩登った。東の風が強く吹きつける冷たい朝、気温は氷点下十度よりも落ち、手足の指が冬山登山のときのようにチンチン冷たく痛んだ。風の当たる顔半分がしもやけになったように痛い。風の当たる側のハナ水は氷となり、反対側のハナ水は子供のヨダレのように流れた。岩と雪の狭い切り立った尾根だったが、雪がしまって、アイゼンのツメはよくきき、雪を踏みつけるたびに、キュー、キューといって雪面にくいこんだ。

小屋を出て一時間半で十字架の立つレナナ峰の頂に立った。ここから主峰のネリオン、バティアンへは、さらに氷河を越して反対側を下り、主峰の東側から取りつかねばならない。だが、私は単独登山だったたし、主峰に登るにしても、岩登りで大変な時間をくうので、断念することにした。

標高五〇〇〇メートルのレナナ峰で記念写真をとって引き返したが、登れないとなると、主峰は美しく高く見えた。

小屋に帰るとジョン君は、寒い寒いといって歯をガチガチ震わせて寝たきりだ。朝、雪をとかして作っておいた水が、底まで氷になっている。もう一日ここで泊まり、湖水の多い主峰のまわりを一周しようと思ったが、寒がるジョン君を、早く植物の生えているところまでおろしてやろうと思ってあとまわしにした。

ガイドと自称する二十歳のジョン君は、雪からぬけ出して緑の世界にたどりつくと、おかしいほど元気になった。林の中に建つクラウイル小屋で陽を浴びながら、二人は冬眠からさめたように米の飯をもりもりと食べた。レナナの峰から見たケニヤ山の反対側は、湖水のまわりにおい茂る草木、湖面に映し出される岩の峰々、澄みきった水の色など、なんともいえない美しさだ。

翌十月十七日朝、再びジョン君を残し、二食分のパンとジャム、それにカメラをぶらさげ、ピッケルを持ってひとりで出発した。クラウイルの小屋からトウ湖、オブロング湖、カミ湖と主峰をとりまく湖を北まわりに一周してきた。

この日、空身の湖めぐりの強行軍で、熱帯性高山植物の間から澄みきった氷河湖に映しだされた岩と氷の峰がながめられた。

「この世にこんなところが……」と、すっかり景色を満喫し、疲れをわすれてしまった。時間と食糧が十分あれば、この湖畔にテントでも張って一週間ぐらいノンビリしたかった。

## ナンユキの黒人娘

一周して小屋に帰ってくると、ジョン君はすっかり元気になり、オボロ菊の枯木を集めてきてたき火をし、コッヘルに油をさしているところだった。彼はいままで働けなかった名誉挽回とばかりに、小鳥をつかまえて、ヤキ鳥をつくっているところだった。火をたいているすぐそば、三メートルも離れていない地べたに空罐を傾け、細い棒を立てておく。棒の下に糸を結んで火のそばまで糸を引き、空罐の下に米つぶをまいておく。小鳥が入ってくると、火のそばで糸を引っぱり空罐の中に入った鳥をつかまえるのだ。小鳥はスズメのような岩ヒバリで、われわれのすぐ近くまで、恐れも知らずに寄ってきて、エサを食べようとする。岩ヒバリが寄ってくるたびに、糸を引っぱって空罐の中の小鳥をつかまえ、羽根をむしって首を蛮刀で切りおとし、腹を割ってぞうもつを出す。そして蛮刀で小骨をたたきつけて、油をひいたコッヘルに入れればでき上がりだ。恐れを知らず、エサを求めて寄ってくる小鳥が二分後にはヤキ鳥になっているかと思

うと、彼のやり方は残酷に思われた。ところが彼は、

「サー、ムズーリ、ムズーリ」(ダンナ、とってもおいしいですよ)

といってその揚げ肉に塩をふりかけて出してくれる。私が帰ってから三十分もたたないうちに十五羽もとった。味はスズメのカラ揚げのようなもので、おいしいにはおいしいのだが、目の前で何も知らない小鳥をつかまえ、バタバタあばれるのを羽根をむしり、とべなくなった裸の鳥を歩かせたり、最後に蛮刀でチョンと首を切りおとすところなど、殺生で見ていられない。私には小鳥の運命が自分のことのように思われた。

あしたの帰路には、登ってきたジャングルを再び通らなければならない。あしたは私が豹の餌《えさ》になるかもしれん。しかし、考えてみると、ジョン君は弱肉強食のジャングルと背中合わせに住んでいるのだ。自然の中で生きようと思えば、こうして動物をつかまえて殺すことも必要なのだろう。

そうはいっても、私が生きたいと思っているように、小鳥だってチュッ、チュッとしかいわぬが、生きたいと思っているに違いない。自分がいつも危険にさらされているからかもしれないが、私には他のもののいのちを殺すなんてとてもできない。ジョン君があの蛮刀をふり上げる瞬間、自分の心がその小鳥に乗り移ってしまうのだった。

彼は、

「この小鳥だけで夕食になる」

といってなかなかとることをやめなかった。そこで私は、

「今晩は米を二食分たべさせてやる」
といって中止させた。ところがこんどは、モルモットをとりに出かけたのだ。モルモットは岩のゴロゴロしている下に巣をつくり、小屋の近くまでやってくる。それはたくさんいて、われわれが通りかかると、素早く岩の下にかくれ、過ぎさると、また顔を出し、岩の上に乗って、キャー、キャーと鳴き声を上げるのだった。

彼はポケットに小さい石ころを入れ、なにくわぬ顔をしていて、いきなり岩の上のモルモットにその石を投げ当てるのだ。小屋のすぐ横の斜面でやるから彼のやり口はよく見えた。

ところが、ジョン君よりモルモットの方が頭がいい。彼が近よろうとすると、モルモットはみんないい合わせたように、岩の下から出てこない。彼はじっと顔を出すのを待ったがダメ。しびれをきらして引き返しかけると、いっせいにモルモットは首を出し、鳴きはじめるのだった。モルモットは岩の下に入ったが最後、岩がでかいから顔をつっこんでのぞいても、手が届かない。岩の下には小豆のような糞がいっぱいころがってい て臭い。鉄砲でもあれば何匹でもとれるのだが、それも自然公園になっているから狩猟許可をとらねばならない。小さくっても一人前のケモノである。

二人は最後の晩、このオボロ菊の枯木をたき、火をかこんで夜遅くまで話をし、歌った。私は彼から「サファリ」の歌をならった。日が暮れると、何百、何千といたモルモットも岩の下に寝静まり、ネリオンとバティアンの主峰が星空に黒く浮かび出、下界はジャングルの上に雲海がかかっていた。サラサラと流れる小川のせせらぎを聞き、あまり会話が通じないながらも、二人でたき火のそばで話し合い、歌い合えば結構心は通じた。彼がケニヤのキクユ族であり、私が日本人であってもそんなことはどうでもよかった。二人は心の通い合った親しい友人であった。

翌日、もう二度とくることもないであろうこのケニヤ山を、休むたびに振りかえり振りかえり下山した。帰りのジャングルも無事通過できて、登ってきた時よりずっと早かった。国立公園の道に出、ナロムロの派出所に着いた。

下山してケニヤ山を仰ぎ見ると、私はこの登山を中止しなくてよかったとしみじみ思った。これでジャン・ビュアルネ氏にも堂々と登山の報告ができる。私は早速ビュアルネ氏に無事目的のひとつケニヤ山の登山を終えたと、手紙を書いた。

親切な人たちだったが、もしこの警察署の人たちの警告にしたがっていたら、私は、登山ができなかった。もちろん単独の登山は、無謀にひとしいほど危険がつきまとっている。人の意見も、とうぜん重視しなければならないが、その意見にしたがってばかりいては何もできない。人にいわれてやめるのではなく、自分で実際に直面して肌で感じとり、それでできないと思ったらやめ、できると思ったらやるべきではないか。そんな教訓も得て、この登山は、モン・ブラン、マッターホルンの単独登山よりも印象深い山行となった。

思い出といえば、ナンユキの例の黒人娘もアフリカの思い出のひとつである。一夜を

ともにしてその明け方、彼女は、

「いっしょに生活したい」

とダダをこねてケニヤ登山をひかえた私を仰天させたものだった。気の毒だが私はそれをふり切って、一番のバスでナロムロに出発したのだった。

あの娘が私の登山を知って、ナロムロの派出所で、私の下山を待ちかまえているんじゃないかと心配したが、幸いだれも私を訪ねてはこなかった。もしナンユキに戻ったらあの娘が待っていて、またダダをこねられるかもしれない。まだアフリカに住みついて冒険旅行に終止符をうつ気にはなれないから、悪いけれども私はナンユキに行くのをやめ、小型バスを乗りついで、逃げるようにナイロビに出てしまったのだ。

## マサイ族の国をゆく

私はナイロビで休養をとる暇もなく、つぎの目標、アフリカの最高峰キリマンジャロに登るため、タンザニアに出発した。ケニヤ山の登山の疲労か、ナイロビのホテルではぐったりし、観光に外へ出歩く元気もなかった。だが、一日十五シリングというホテル代を考えると、のんびりと休養をとることもできず、一日休養をとっただけだった。

ナイロビの近代建築の高層ビルの下に、ヤリを持ったマサイ族が行きかうのはなんとも奇妙だ。国民の主要部族であるキクユ族、鉄道敷設時代にやってきたインド人、そして、白いイギリス人。まるで民族の祭典であるかのように感じられる。しかし、赤茶けた風呂敷のような衣を、シーザーのように肩からたれ下げ、ヤリを持ってビルの下を、車をぬって歩くマサイ族の姿を見ると、どうも理解できない。自動車と猛獣は同じだというシャレなら秀逸だが……。

ナイロビから、車窓のしまらないオンボロのバスでタンザニア国境のナマンガを越え、キリマンジャロの麓にあるマラングまで、約四百キロの道程を九時間ぶっ通しで走った。

ケニヤ、タンザニアは、行けども行けどもはてしない乾燥した草原、その草原の中にわずかに、四、五メートルの高さしか伸びないアカシアの木があった。そして動物園のようにキリン、牛、シカ、ダチョウの群れ……。ときたま、牛の群れが車をとめたり、ダチョウが前方を横切ったりする。その間にまるで自然動物園の一員になっているようなマサイ族の、頭を真っ赤に染め、いまにも耳たぶが切れ落ちんばかりにジュズ玉の装飾をして、ヤリを手にうろつきまわる姿が見られるのだ。牛の大群が横切ると、冬山の猛吹雪で、視界をとざされたように、ものすごい土煙が舞い上がる。それがバスの中に流れこみ、頭や顔は真っ赤に染まってしまうのだった。

ところが広漠たるサバンナを横断しているとき、十数名のマサイ族が道路わきでヤリを縦に振り、バスをとめた。そして、赤布を肩からかけ、ヤリを手にしたマサイ族の若者たちがバスに乗りこんできたのだ。

彼らはヤリをバスの通路に置き、その中のひとりが私のそばに席をとって坐った。恥も外聞もあったものではない。うすい一枚の赤く汚れた布地の間から、真っ黒にこげついたような男のシンボルがたれ下がっているのがまる見えである。はじめは好奇心にかりたてられて、横目で、

「なかなか立派なもんだ」

と見とれていたが、彼らが放つ悪臭は、ヒマラヤのシェルパ族のチーズのにおうヤツも〝ハナ負け〟だ。日本をはなれたこんなところで公害にあうとはなんということだ。それもやがてハナがマヒして感じなくなったが、ハエには参った。彼らは体だけでなく、顔にまで一面にハエをくっつけて乗りこんできて、そのハエが一度にワンサと私の顔、それも目のふちにたかったものだからたいへん。もういても立ってもいられない。ハエ攻めである。

そのうちに彼らのひとりが私の持っていたピッケルを見つけた。ピッケルは荷物棚に上げていたので彼らの目の前にある。彼らはピッケルを指さして何やらいい合っている。何をいっているのかわけがわからないが、私は友情のしるしに棚からそのピッケルをおろし、見せてやった。

ひとりのマサイ族の若者は、ピッケルの柄を持って通路に立ち上がり、ヤリで動物を突くまねをしたり、ピッケルを振り上げたりで、車の中はマサイ族の大さわぎとなった。どうも動物を獲《と》る道具だと思って、いろいろ獲るマネをしているらしい。登山につかう道具だなんて、言葉が通じたにしろ、わかるはずがないのだ。

若者のひとりが私に向かって、

「……ムズーリ……」

といった。彼らのいった言葉の中で、このムズーリという単語だけわかった。ムズーリとは、スワヒリ語で良いという意味なのだ。このピッケルは良い武器だと彼らはいっていると思い、

「ンディオ、ムズーリ、サーナ」(そうだ、大変いいですよ)

と、ジョン君から習ったスワヒリ語で大きく首を縦に振って答えてやった。彼らはにっこりと白い歯を見せて笑い返した。それから私は、急に彼らに親しみを感じはじめた。サバンナの中にあるマサイ族の家の傍に建っている平屋の家が、国境のチェックポストとなっていた。私は外国人としてパスポートをチェックされた。だが、彼らマサイ族には国境はないのだ。ケニヤもタンザニアも、アフリカすべてが自分の国のようである。彼らにとっては、ヤリが通行証のようなものであり、バスも乗り捨てごめんで乗車賃も払わない。村の酋長が乗りこむと、バスの車掌は運転助手席に坐らせる特別待遇である。マサイ族は今日の文明の世界に反発するように、ヤリを持っているようにさえ思われた。もっとも女たちはヤリは持たない。ヤリは男のシンボルである。女は乾期の水汲みが仕事のようで、水を求めては何十キロも遠くまで、大きなヒョウタンの水がめを持って汲みに行くのだった。マサイ族の女もやっぱり女、美しくありたいという気持があるとみえ、首には大きなビーズ玉の輪、足にはリングをはめたり、太い針金を輪にしてま

き、それをすねまで巻き上げている。また耳たぶには大きな穴をあけてビーズ玉をさげ、一度も洗ったことのないような、赤っ茶けた黒い肌の体を飾っていた。ところがよく見ると、耳たぶには大きな自転車のナットがぶらさがっていたり、足にはヘッドライトの外輪がキラキラと光っていたりする。そういえばマサイ・ランドの道ばたには、ときたま車の残骸が、もうこれ以上ばらせないというほどばらされてあったのを見かけた。女たちは自動車の部品をはずして自分たちの装飾にするのだ。

## キリマンジャロの日の出

キリマンジャロは独立峰で、裾野が広く、バスでまわりこむようにして、登山口のマラングに入った。夕方五時過ぎになると、キリマンジャロを覆っていた雲は次第にとれ、たなびく雲の上に、真っ白なおちついたながめの、平たい頂上を見せた。頂上は五八九五メートル。ケニヤ山より約一〇〇〇メートルは高い。だが浮かび上がったキリマンジャロの雪の頂上は、ケニヤ山とは比べものにならないほど大きいためか、実際より低く感じられ、とても六〇〇〇メートル近くあるとは思えないのだ。

私は裾野のバナナ林の中にあるドイツ人経営のマラング・ホテルに宿をとった。一日四十六シリングもする。アフリカに入ってから、まだこんなにぜいたくなホテルには泊まったことがない。四十六シリングといえば二千三百円。私がケニヤ山の登山で雇ったジョン君の五日分の給料よりまだ多い。

そのホテルでは、キリマンジャロの登山については装備から食糧、ポーター、小屋の使用まで、すべて便宜をはかってくれるのだ。誰でもキリマンジャロに登りたいものは体ひとつで行けばどうにかなる仕掛けだ。だからキリマンジャロは、日本の富士山のように多くの人に登られている。ツエをついて自分の体だけ登れば、装備と食糧はみんなポーターがかつぎ上げてくれ、途中の小屋に着いたら食事の用意までしてくれる。

マラングは標高一五〇〇メートルもないところだが、途中、ビスマルク小屋、ピーター小屋、キボ小屋とその日の行程ごとに小屋が完備され、登り四日、下り一日の計五日の行程でポーターが案内してくれる。最後のキボ小屋は四六〇〇メートルの最後の登り口にある。そこから、まだ夜の明けぬ二、三時ごろ、懐中電灯をつけて暗闇の中を登り、その日の御来光を拝んでキボの主峰に立つのである。

キリマンジャロは、富士山と同じようにスリ鉢状の休火山だ。大きな噴火口を持ち、氷がつまっている。その直径はどれくらいあるのか知らぬが、富士山より数十倍も大きく感じられる。しかし、技術は必要とせず、誰にでも登れるところは夏の富士山と同じだ。

私はひとりのポーターを雇った。ポーターにザックを持たせ、バナナ林の集落を通り、こんもりと茂った樹林帯をぬけた。

三日目、マウエンジ峰との間にある大プラトー（台地）の手前で、もうここから上には水がないというから、最後の沢で水を汲んでポリタンクにつめ、草木一本ない四〇〇〇メートルを越すプラトーを横切ってキボ小屋に入った。

小屋はトタン屋根の家で三軒ある。ポーターの家と、サーブ（客）の家とが別々になっているのだ。客の家の中には、二段ベッドが数個並んでいた。ポーターの三角屋根の家の中は殺風景で、真ん中にイロリがあるだけだった。他に誰も客はなく、登山シーズンが終わった富士山の九月の、客のいなくなった小屋を思い出させた。

さすがに四六〇〇メートルという高度は陽が差していても肌寒い。特に、ブンブンとうなりながら、プラトーを吹きぬける風は、ジーパンのズボンまでつきぬけた。羽毛服こそ用意したものの、カッターシャツ、セーター、下はジーパンにフランスではいているクレッターシューズ（軽便登山靴）で登ったからこたえた。登山靴は重いのでホテルに置いてきたのだ。

翌日、満天星空の二時、ポーターを小屋に待たせて羽毛服を着、懐中電灯を手に頂上に向かった。富士山のようにジグザグの道がついていて、道を忠実にたどれば別に行き迷うこともない。

三時間かからないうちに、鉢の上に出てしまった。そして針のようなギザギザの峰を持つ、マウエンジ峰のかなたの地平線に昇ってくる大きな太陽を見た。アフリカの最高峰から、大きなにぶい紅《あか》い日の出を見るのは実に美しくすばらしいものだった。アフリカならでは味わえない雄大なスケールで、喜悦満面というところだ。大きな氷河の横、キリマンジャロ最高点に銅板が埋めてあった。なんと書いてあったか、メモしなかったので忘れてしまった。

私は頂上に立ったとき、ウガンダの山を夢みていた。ウガンダには、キリマンジャロ、ケニヤ山と並んで、アフリカ三山と呼ばれるルーエンゾリ（五一一〇メートル）がある。キリマンジャロの頂に立ったいま、アフリカ三山の全部に自分の足で立ちたいと思った。

だが、私にはもう手持の金がたった六十ドルしかなかった。ホテル代、ポーター代を支払うと、四十ドルもポケットに残らない。これではもう一ヵ月も滞在できない。それどころか、次のフランスへ帰る船便がモンバサの港を出るのは、十月二十九日、あと四日しかない。それに乗り遅れると、次の便は一ヵ月後なのだ。

私はキボ小屋に待たせておいたポーターを説得し、五日分の給料を支払うからといって、登頂後キボ小屋へ泊まらず、一気にマラング・ホテルまでかけ足で下った。ホテルに帰ってシャワーを浴びながら見たら、足に五つもソコ豆ができて痛んだ。

## インド洋のおぼろ月

ホテルを出るつもりで、その日のうちに支払いを全部終えた。日が暮れ、下界は暗くなっても、キリマンジャロはその氷河に夕日を反射させていた。私は名残りおしくて、街並みもないマラングのバナナ林の中へ夕すずみに出た。

「サーブ、サーブ」

と、どこかで聞いたような声がする。よく見ると、案内してくれたポーターで、

「五日行程を一日短縮して四日で帰ってきたが、約束していた五日分の給料をくれ」

というのだ。たしかに私は五日分を払ったつもりなのに、なんとホテルの主が四日分しかポーターに払わず、一日分は自分でピンハネしたのだった。

ケニヤ山に登った後だったためか、キリマンジャロの六〇〇〇メートルに近い高度にも、別にヒマラヤでやられる高山病の類《たぐい》にはかからなかった。ホテルの人の話によると、キリマンジャロの登山客の三分の一は高山病にかかり、頭痛や吐き気を訴えて登れなくなるのだそうだ。

翌朝、ホテルを出て再びケニヤに入り、ナイロビからバスでモンバサに戻った。予定ではナイロビから十時間半で、モンバサの港町に着くはずだったが、四百五十キロの道程の半分少々過ぎたところで、十時間をまわってしまった。なにしろ、途中でパンクしたり、エンジンの故障にあう。

ナイロビから乗った他の乗客はノンビリしたもので、ひとりとして時間に遅れても文句をいわない。

暑い灼熱の炎天下、バスの外に出てバスの陰でノンビリと昼寝をはじめる。ある者は用意していたメリケン粉の天プラとコーヒーをすすりながら、ピクニックにでも出ている気分で話しこんでいる。

ナイロビからモンバサ間は、東京から名古屋以上あるというのに、バスは日本のローカル線にも見られないオンボロバスである。この国には日本のように車検がないから、とにかく使えるところまで使ってやれという主義らしい。

だからモンバサ到着は六時間も遅れ、真夜中になってしまった。客引きの黒人に、これまた安い、一日五シリングの、四人ひと部屋の相部屋に案内された。高原の中のナイロビと違って、モンバサの夜は素っ裸でいても暑く、汗がダラダラ流れて寝られない。

十月二十九日、ケニヤに入って二十三日目に、私はアフリカを去って、再び船でフランスへの帰途についた。船がモンバサの港から出て、アフリカの陸地が水平線に消えてもまだ、私の瞼《まぶた》にはバオバブの木の残影があった。ナンユキの娘っ子の呼び声が海のかなたから聞こえてきた。アフリカは、私にとって実に思い出多い土地となった。金がなくて貧乏だからよけいにおもしろかった。

船底の〝四人部屋〟では暑くて寝られないから、私はまた甲板で月を見ながら寝た。おぼろに輝いている月に私は故郷を思った。十月の今ごろといえば農繁期。夜の一時、二時までも夜業、夜業で猫の手も借りたいほど忙しいことだろう。収穫した稲の脱穀、縄工場のワラ買いに懸命になっている父や母、兄、義姉が目に浮かぶ。私が田舎にいるときは、この労働にへこたれて、なんだかんだと仕事をサボタージュしたものだが、今こうしてインド洋の海原の上にいるとき、七十歳にも近い両親を、一日二十時間近い労働に追いやっていることが悔やまれた。私は少しでも手助けをしてあげることができたらと思った。この私は遊んでいて何も親に孝行できず、それどころか山に登るといっては両親を心配させ、寿命を縮めさせている。

「オレは親不孝者だなあ」

と、いつの間にかうるむ涙にインド洋の月がかすんだ。

船は紅海に入り、アフビヤ砂漠から吹きとんでくる砂ボコリにかすむ海のかなたに、大きな太陽が沈んだ。夜になると下弦の月がのぼった。

アフリカ山行が無事終わると、ふたたびアボリア・スキー場のパトロールの仕事が待ち構えていた。

# 忘れ得ぬ人々

## 病床の孤独

ジャン・ビュアルネ氏、オネ・ボー氏の二人のディレクターは、私の帰りを待ちかね、アフリカでの登山の様子を聞きながら、自分のことのように喜んでくれ、家に呼んで歓迎会をしてくれた。

まだ灼熱のアフリカの山旅の気分からぬけきれない体なのか、吹きつける初冬の雪は、いっそう寒く身にしみた。

私は前年（一九六五年）、黄疸で入院したあと、毎日仕事が終わってからは机の前に坐り、フランス語の勉強をはじめていた。アフリカの山行にも単語帳を持っていき、船の上で船員をつかまえていつも反復練習をかかさなかった。

「ことしも、昨年のようにスキーシーズン中無休で働いて、つぎの旅の資金かせぎをやろう」

と私は決心していた。

ところが、スキーコースに指導標を立てるため、棒をかついで新雪の中を配っている最中、大きなギャップにつっこんで転倒、ヒザをねんざしてしまったのだ。なんと、私がスキーシーズンの事故第一号である。負傷者を運びおろすパトロール員でありながら、ミイラ取りがミイラになり、スノーボート（ボート状のそり）に乗せられ、モルジンヌの病院へ運ばれてしまった。

私は恥ずかしく、そして、絶望した。

病院ですぐレントゲンをとってもらったら、幸いにも骨にはキズはなかった。単なるねんざだったようだが、それでもヒザは手でさわれないほど強く痛み、熱を持ってはれ上がった。全治一ヵ月を宣告され、病院から自分の部屋へつれ戻されてベッドに横たわっていると、痛さより、私の望みとしていたつぎのグリーンランド偵察、南米の最高峰アコンカグア行きの来年の目標はもう達成できないと思わぬわけにいかなかった。

あきらめムードがただようと、自分という人間がひどくみじめになり、自分の行く手が、無限の深海へ沈んでゆくのを感じた。

スキー場のケーブルの駅の三階にいた私は、一階にあるトイレに行くにも、ひとりで歩けなかった。だが、他の同僚のパトロール員たちが交代で看病してくれた。食事は、シーズン中にぎわう駅前のレストランから運んでくれた。もう、ひとりコンロを焚《た》いて、ジャガイモを料理して食べることもできず、金の浪費が残念で仕方なかった。

パトロール員は、このアボリアのスキー場には十五人いた。みんなスキー指導員の資格をとるために、パトロール員をやりながら自分のスキーの技をみがいていた。なにしろフランスのスキー指導員は、国家試験をパスしなければならないのだ。試験は、ナショナル、オキシエール、それにキャパシティという三つの段階に分かれていて、指導員の初級であるキャパシティも年齢満十八歳以上でないと受験資格がない。キャパシティは誰でも受験できるが、オキシエール以上になると、シャモニにある国立登山スキー学校に入学して、四十日間の講習を受け、しかも試験に通らないとダメなのだ。最初のキャパシティをとってから三年間はオキシエールはとれないし、また、最高級のナショナル指導員は、オキシエールからさらに三年間を必要とする。

キャパシティは誰でも受けられるとはいっても、十人にひとりの合格という狭き門である。だから彼らは受験前に、スキー場にパトロール員として入って、腕をみがくのである。日本の誰でもとれる指導員の資格とは、ちょっと違う。彼らはこの資格を持っていると、スキー場で指導しながら、キャパシティでも月千五百フラン以上の高給がとれるのだ。

パトロール員の仕事は、単に負傷者を、スノーボートで運びおろすだけではない。朝八時半に開場する前に、みんな一緒にスキーを持ってケーブルカーで上がり、さらに、上の駅から各リフトに二人でペアになって登り、全コースを試走して、各コースの雪の状態を報告して、下のケーブルの駅の掲示板にコースの状態を掲示するのだ。

九時ごろからぽつぽつやってくる客は、この掲示板を見て、自分の滑るコースを選ぶのだ。このスキー場は、全長六十キロと案内されている。六十キロというのは一本のコースの長さでなく、各コースの合計の長さ、しかもきれいに整備された部分の長さだ。

標高一一〇〇メートルのケーブルの駅から、スイス国境に近いレ・ゾー・フォール山のすぐ下までのびているリフトの上部まで、その中の最長コースは岩尾根を下り、サパン（モミの木）の林を通りぬけて八キロもある。

そこに時速四十五キロ、八十人乗りの大型空中ケーブルと二人乗りのリフト三台、Tバーリフト四台が山いったいに動いている。

この全長六十キロにおよぶコースを二台の大型ローラー雪上車がフル運転して、コースを踏みならしているが、ドカ雪が降った後や、傾斜度四十度近くもある上級コースの地ならしは、当然パトロール員の仕事となった。朝の試走が終わって、客がくる前に、われわれはふた組にわかれ、上級コース、中級コースに一団となって並び、スキーを横に、階段を下るようにして一歩一歩踏みかため、コースを開くのだ。大雪の降った後は大変だった。雪上車も間に合わず、コースの踏みかたまっていないところは、駅の掲示板に「フェルメ」（閉鎖）と書き出して、整備できるまで閉じてしまうのだ。

客がきて滑りはじめると、われわれパトロール員は、ひとりのチーフの指導のもと、二人ひとパーティーでリフトの上部でスノーボートを持って待機するもの、コースを巡回するものにわかれ、位置につくのである。

客のアクシデントは、巡回パトロール員により、また客の連絡によって携帯無線機で上部で待機している救助班に連絡され、救助班はスノーボートを持って、現場へ急行するのだった。連絡がついてからスノーボートで下り、下の駅へおろされるまで三十分とかからない。下の駅には車が待っていて、すぐモルジンヌの医者へわたされるのだ。負傷者の大半は骨折、ねんざ、それにサパンにぶち当たっての打撲傷といったところ。だが、首を折ったりするような致命傷は一シーズン一、二人しか出ない。日本の〝カミカゼ〟スキーヤーよりよっぽど腕はいい。

夕方五時になると、パトロール員は各コースの最後の客がおりるのを見届けて、コースを閉めるのである。土曜、日曜になると、初級者が欲を出して、五時に閉める前に中級コースに入ったり、中級者が上級コースに入ったりすることがよくある。八キロもあるコースを一時間たっても、二時間たってもおりられずにいる最後の客を誘導しておりてくると九時近くにもなることがよくあった。

フランスといっても場所がスイス国境近くにあるので、客の大半はスイス人だった。ジュネーブまでわずか六十キロというので、土曜、日曜には、

「八十人乗り、世界で一番速い」

と自慢のケーブルカーはごった返した。

## 聖夜の訪問者

私のねんざは全治一ヵ月と医者から診断されていたが、二回医者に通っただけで、ケガの四日目には、松葉ヅエをついて歩いた。いくらなんでもまだスキーをはいてパトロ

ールすることはできないので、動かないでやれるリフトの切符切りをさせてもらった。傷害保険が給料の六〇パーセント、一日約二十四フラン（約千七百五十円）支給されたが、つぎの目標を達成するためには、たとえ一フランでも多くかせがねばならない。あい変わらず、アルコールはもちろん、コーヒーなどもいっさいつつしんでいた。ここのコーヒー一杯分は、ケニヤでは食事二食分だった。私は金、金と資金かせぎばかりを考え、多少変人といわれるような生活をした。

まもなくクリスマスがやってきた。若いパトロール員たちは、仕事を終えると「ノエール」（クリスマス）のためモルジンヌの町へ出ていった。私も誘われたが、足が悪いからといって部屋にとじこもった。駅前の駐車場の広場では、モルジンヌの若者が車でのぼってきて、クラクションを鳴らし、若い男女は抱き合い、キャーキャーいってクリスマス・イブを楽しんでいた。若者たちは酔いしれて、大騒ぎしている。

前のレストランに、ひとりで夕食をとりに行くわけにもゆかない。私は部屋にまだ残っていたジャガイモの皮をむいて、フレンチフライにし、カチカチに乾いた長パンを、インスタントスープの中にほうりこんで食べた。クリスマスの夜を、ひとり部屋の中で食事するとは、わびしいことこの上ない。そのわびしさを、

「オレにはつぎの目標がある。フランス人とちがう夢があるんだ」

と自分にいい聞かせてごまかした。

食事が終わり、何をする元気もなくベッドに横になっていると、ジョエルがもうどこ

かでいっぱい飲んできたとみえ、ほろ酔い加減に顔をあからめて、私の部屋にやってきた。

入るなり、彼女は私の両ほっぺたに強くベーゼをした。そしてベーゼが終わるなり、

「どうして、まだこんなところにいるの？　モルジンヌの町に出ていると思って、町中あなたをさがしたのに、いないじゃない。他の人に聞いたら、まだ部屋にいるというので、迎えにきたのよ」

といった。足が悪くたって今夜くらいは町に出てくると思ったらしかった。

ジョエルは上の駅の横にあるレストランでアルバイトをしている学生である。ヒマラヤ遠征に行く前、私がまったくフランス語も知らず友人もいないとき、英語のできた彼女は、いろいろ便宜をはかってくれていた。ヒマラヤから帰ってから病気をしたときも、わざわざ、パリの方から夏休みだといって、病院の私のところへかけつけてくれた。ねんざで歩けなくなっているとき、レストランから食事を運んで看病してくれたのも彼女だった。

ドイツ系の顔をもち、小柄で目がパッチリきれいだった。彼女は、私があまり出歩かないと、いつもグチをこぼした。今夜のクリスマス・イブも、モルジンヌの町にさきに出て、私を待っていたのだ。

彼女は部屋の中のコンロと、食べ残した皿の上のジャガイモやスープを見て、私をびっくりしたような目で見た。私は、しまったと思ったが、もう遅かった。こんなわびし

い生活を彼女にだけは見せたくなかったのだ。彼女はすべてを察し、目をうるませて、再び私のほおに唇をあてた。

## 四つの目標

一九六七年、私はこのアボリア・スキー場で三回目の正月を迎えた。といっても正月用のモチなどあるわけもない。あい変わらずのジャガイモとパンの食事で、自分なりにささやかに正月を祝ってから、

「ことしは昨年にもましてがんばろう」

と自分にいい聞かせた。一九六七年の日記のはじめに、私はつぎの四つの目標を記している。
一、グリーンランド行き。
二、フランス国立登山学校への入学。
三、アンデス（アコンカグア）の単独登山。
四、仏・英語、読書の徹底。
十一月にアフリカから帰ってきたばかりなのに、こんな目標を立てるとはかなり欲張っているのは百も承知の上だ。グリーンランドはアルプス、アフリカよりもっと遠いし、だいたい、地球の反対側にあるフランス登山学校と、南米のアンデスを一緒にするなど

とは正気の沙汰ではないかもしれない。しかし、少なくても資金の面では給料とチップを入れると、手取りは月額千二百フラン以上になっていた。食費にしか出費しない私の流儀でいけば、ジャガイモを食べていればなんとか見通しが立っていたのだ。コーヒー、アルコール、タバコはやらず、部屋は会社の駅だから家賃なし。ミミッチイやり方といわれたって、私には私のやり方がある。やらねばならないことがある。

フランス語についていえば、私はもう三シーズンになるのだから、フランス人になりきれるほどのフランス語を身につけていなければならない時期である。アボリア・スキー場で働く六十人近い人の中で外人といえば私ひとり。大半はモルジンヌの人たちであり、パトロール員ぐらいが他の地方からより集まった人たちだった。まったく日本人に会わないフランス生活だからフランス語を習得するのにこれ以上恵まれた環境はない。やり方次第、努力さえすれば、いくらでもフランス語の力は身につけられる。この環境を利用しない手はない。

緊縮経済で食事はまずしいが、心は錦といったところだった。シーズンはじめにねんざした足も全治一ヵ月といわれたのに、半月でスキーに乗ってパトロールに戻ることができるようになった。

ケーブルの終点、一八〇〇メートルのプラトーには、八階から十階建てのホテルやアパートがいくつも建ち並び、サパンの丘には別荘ができている。アイススケート場、グランドホールなどもあるマンモスタウンの建設が進められていた。

冬のスキーシーズンには、オーストリア、ドイツ、隣国のスイスをはじめ、遠くアメリカ、イギリス、カナダからの客もジュネーブに飛行機でおり立ち、その客をアボリアの特別輸送バスがこのニュータウンに運び上げるのだった。

ニュータウンのホテルの宿泊料は、フランス人の一般庶民ではちょっと手が出ないほど高い。一泊一万円近くもする。その部屋の中は、豹の毛皮などが敷きつめられたりして、豪勢なものだった。パリに、このアボリア・スキー場の支店があり、ヨーロッパ一円から広く客を集めて送りこんでくるシステムである。

ディレクターであるジャン・ビュアルネ氏は、みずからスキースクールの指導者として客のためにもスキーをはいた。

世界の山々を思いながら、パトロールの仕事をしていた私にとって、スキースクールのモニターをやっていたエドモン・ドニー氏を友人にもったことは、この上ない幸運だった。自分の意志が弱く、ともすれば世間の享楽に誘いこまれそうになっているとき、彼は私を目標に向かって叱咤《しった》激励してくれた恩人だ。私より年齢的にはかなり上だが、友人のようにつき合った。彼はフランス隊が三〇〇〇メートルの大岩壁を持つアコンカグアの南壁を登攀したときの隊員である。彼は登攀中に氷壁の乗っ越し（峠のような場所）でビバークを余儀なくされ、そのときの凍傷で不幸にも右足指を失っていた。

私のアコンカグア単独登山という目標も、もとはといえば彼のアドバイスから生まれたものだ。六日六晩も南壁で悪戦苦闘したという彼の話に私の胸はおどった。もちろん私はひとりで行くのだから南壁には手が出ないにしても、アコンカグアには比較的やさしい北方からのルートがあるという。

「このルートから慎重に登れば、七〇〇〇メートル近いアコンカグアもナオミのものになるだろう」

と、ドニー氏はいってくれた。

私はここでは、ひとと違った生活を送っていたが、いつも私の考えを正してくれたのは、スキー場のジャン・ビュアルネ氏とオネ・ボー氏であり、直接登山技術でアドバイスをしてくれたのは、エドモン・ドニー氏であり、私を心でささえてくれたのは、ケーブルの上の駅にいたジョエルだった。

## アマチュア・スキー大会入賞

下手だった私のスキーも、スキーをはいての仕事を続けていれば、いやでも少しは巧《うま》くなる。

スキーシーズンの終わりが近づいた四月の末、日本なら北海道の地域に匹敵するモン・ブラン区のアマチュア・スキー大会がモルジンヌのスキー場で開かれた。

「ナオミ、お前一度、この大会に出場してみろ」

とおだてられるまま、ほかのパトロール員とともに日本人としてはただひとり参加させてもらった。

モルジンヌの町には、われわれのこのアボリアのほか二つのスキー場があった。その一つ、ニオン・スキー場で、モン・ブラン区から集まった百三十六人が参加して大会は開かれた。コースの高度差は約二〇〇メートル。二十五のゲートがある大回転である。アボリアのスキー場からは自信のあるもの十人が参加した。面倒をみてくれるのはわれらのボス、オリンピック金《ゴールド》メダリストのジャン・ビュアルネ氏だ。

四月末の雪は一、二月ごろの乾燥した雪と違ってザラメ雪だ。その雪に合ったパラフィンを、ジャン・ビュアルネ氏がじきじきにスキーに塗ってくれ、コースの旗門のどこを、どう通ってぬけるか、フォームをどのように持ってゆくかコーチしてくれた。

参加者が滑る順位をきめるクジを引いたとき、私は八十七番だった。どうせよい成績はとれまいと、私はあきらめた。なぜならオリンピックだってそうだが、よい記録が出せるのはせいぜい一番から十五番くらいまでに決まっている。その後になると、コースの旗門のまわりがえぐれてしまい、スピードが次第におちてゆくのだ。

毎年、二月のはじめになると、このモルジンヌではアルペン・スキーの国際大会が開かれるが、シードされる優秀選手は、みな若い番号で滑った。

アボリア・スキー場ではいつも滑降があり、大会のときわれわれは、各旗門のある危険地域でスノーボートを持って待機しているのだが、選手が旗門を回転するたびに雪面がえぐれ、スピードがおちていくのが目に見えてわかったものだった。まして、八十七番といったら大きな穴ができるほどえぐれてしまった後である。

ジャン・ビュアルネ氏が意気ごむほど、私はこの大会に上位入賞するなど思っていなかった。ただ自分の実力がどれぐらいあるか、ものはためしの機会であるくらいの気持でいた。それにだいたい、最初の一シーズンは、一ヵ月しかスキーをはいていなかった。でも二年目と三年目の二シーズンはねんざで半月のブランクこそあったが、毎日のようにスキーをはいたから、そのころにはスキーが自分の体の一部のような感じを持つ域には達していた。

自分の順番を待つ間、私はコースの様子を調べるため、滑ってはリフトで登ることを何回もくり返した。そして、スタート地点に立ったとき、ジャン・ビュアルネ氏の、

「早く滑ろうとするな。旗門をくぐるとき、必ずつぎの旗門を見て滑れ」

というアドバイスを聞いた。

スターターの「ゴー」の合図で、私はストックをおもいきり強くこいで滑り出した。自分の順番がくるまで十回以上もコースの横を滑っていたので、この旗門はどこを通ればよいか、だいたいわかっていたし、最初の傾斜二十五度もあるところに立てられた旗門も、簡単に通過した。八十七番という出発順だから、「もう時間などどうでもいい」と思いながらゴールイン。発表のタイムは2分6秒だった。若い順位で滑ったものでも2分を割ったものはなく、2分1秒6というのが最高記録だった。全員が滑り終わったとき、なんと私は、十三番目の記録だった。アボリアから参加した十人の中で一番、モ

ルジンヌの中では三位だった。そうなると、これがもし滑る順番が早ければ、もっと上位入賞ができたのにと残念無念だったが、ジャン・ビュアルネ氏は、

「三年前、まったく滑れなかったのによくここまで上達した」

と、ほめてくれた。

スキーシーズンが終わった四月末、スキー場で働いていた六十人はやめてゆき、パトロール員の同僚たちは、それぞれパリへ、グルノーブルへ、ニースへと帰っていく。ジョエルはとっくに一月でアルバイトをやめていた。

彼女と再会したのは、「パーク」(キリストの復活祭)のときだったが、すぐにパリの方へ帰ってしまい、スキー場には私のほかにモルジンヌからきている若者が残されただけだった。残雪がドロとまじるよごれたシーズンオフのスキー場で、私はリフトのとりはずしなどあとかたづけの仕事をやった。

## 忘れ得ぬ人々

一九六七年も暮れようとする十二月中旬、私はスペインのバルセロナの港から、スペイン船のキャボサンロック号で南米への旅に出た。南米の最高峰、アコンカグア単独登山のためである。ジブラルタル海峡をぬけて大西洋を南下していくと、最後まで見えていたヨーロッパ大陸の半島の陸地も、水平線に沈んでいった。

思えばフランスに入ってから三年、長いヨーロッパ生活だった。ことしのはじめにたてた目標のうち国際アルピニスト集会には、日本山岳会の協力で参加させてもらった。その後、すぐグリーンランドへ足をのばし、半月の短い期間であったが西海岸に入り、内陸から流れ出ている氷河の末端も調査することができた。

ただ一つ残念だったのはフランス語だ。この上達はスキーのようにはうまくいかなかった。スキーのシーズン中毎日、仕事が終わってから食事までの一時間、自分の三階の部屋にこもってフランス語の勉強をやったのだが、まだまだ日常の会話にもつまずいて、思うように話せなかった。

フランスを去るとき、一番つらかったことは、三年間わが子のように面倒をみてくれ、無能力な私に高給をくれ、山行を助けてくれたディレクターのジャン・ビュアルネ氏、オネ・ボー氏に別れをつげなければならないことであった。そして、心の人となった彼女ジョエルの顔も見られなくなってしまった。第二の故郷となったモルジンヌの生活は、正月にもジャガイモを食べる厳しいものだったが、それだからこそ、その思い出は私の心から消えることはないだろう。

大西洋を南下する船の上で、何をするでもなく、私はただ甲板のベンチに腰をかけ、北の海に消えたヨーロッパを思って感傷にふけった。そして、これからはじまろうとしている自分の前途に、思いは移った。フランスの生活が終わり、南米の山登りが終えたら、いよいよ日本帰国が待っている。

日本ではどのような生活の道を選ぶか、私は何をするのか、将来を決める大問題が待っているはずだ。過去ばかりあれこれ思い出して、センチになっているわけにはいかない。自分は現在に、未来に生きなければならないのだ。

一九六八年の新年は、赤道付近のリオ・デ・ジャネイロに迫った大西洋上で迎えた。私は去年と同じように、フランスをたつ前に日記帳を買って持っていた。一九六八年元旦の日記に、私はこう書いている。

この最後の旅が終わった後、オレは日本でどのような生活の道を選ぶか。これこそわが生涯を決める大きな年だ。今のオレにこれといって自分に自信を持って働ける能力はなく、日本帰国を前にした今、自分の進路に堅固な意志さえ持っていない。南米の旅を終えた後のオレの生活こそ本当の生活だ。アコンカグアがいかに苦しい登攀になろうと、単独登攀が冒険であろうと、それはわが人生の一つの遊びにすぎないのだ。どんな仕事であれ、自分に定職を持つことこそ、真の人間として生きる価値があるように思われる。自分のやっている、何かわからない放浪の生活と登山は、自分の職業ではない。オレの山行は主義があって登っているのではなく、心の勇んだときに登るだけだと思われる。

私の気持は、昨年と違って、ただ目的に向かって、すべてを傾注するだけではすまなくなっていたのだった。
オレはやるぞ！

# アンデス山脈の主峰

## メンドサの灯

一九六八年一月七日、キャボサンロック号（一万八千トン）は、ブエノスアイレスの港に着いた。船の中で友人になった大勢のアルゼンチン人と別れて、私はブエノスアイレスの町を歩いた。雪の降るアルプスからきたので、真夏のブエノスアイレスのビルの谷間をぬけてくる熱風はやりきれなかった。

私は港に近い大きく派手な赤いネオンの輝くホテルの一室に部屋をとった。どうしたわけか、小さな窓しかなく、扇風機をまわしても、いっこうにききめがない。一日四百ペソ（四百円）の安宿だったので文句もいえない。スイカひとつ買ったって百五十円もするのだから。

その日は、ボリビア、ペルー入国のビザ取りと、アコンカグアの地図を買いに街へ出たのだが、大きな目ぬき通りが、午前十時になってもビルのトビラがおり、ひっそりしている。おかしいと思ったら、バカな話で日曜日だった。

南米第一の大都市といわれるブエノスアイレスの街は、ちょっとパリと似たような建物が並び、街の真ん中を突きぬける大通りは、日本のせせっこましい道路にくらべると、信じられないほど広い。日曜日で車がたいして通らないせいもあり、港を見おろすローマ広場のプラタナスの木陰で寝そべっていると、実に気持がいい。東京の夏のように湿気がなく、空気は乾いている。私は宿なしの浮浪児のように寝入ってしまったほどだ。

翌月曜日に、ペルー、ボリビアの大使館に行って入国ビザをとった。アコンカグアの五万分の一の地図は見当たらなかったが、観光用の道路マップと少しばかり山の地図の入った案内のパンフレットを手に入れることができた。このブエノスアイレスにある日本大使館にアコンカグアの登山申請にいこうとしたが、なにしろ単独登山で反対でもされたら、せっかくフランスで苦労した資金作りも、なんのためかということになる。

ブエノスアイレスを朝六時に汽車で出発して、メンドサに着いたときは真夜中だった。この列車は山ひとつ見えないパンパの大平原を西へ西へとつっ走った。乗客は高校生の集団が多かった。私の前に坐った学生も、夏休みにメンドサへ行くのだといっていた。十九時間列車で走っても山ひとつ出てこないとは、なんとスケールの大きい大平原なのだろう。

このパンパの平原は穀倉地帯と聞いていたが、平地のほとんどは車窓から見る限りでは耕作されていない。放牧地として牛が飼われているが、山腹を切り開き、耕地にアゼを築き、こぜり合いしている日本の零細農業には信じられない世界がこのアルゼンチンにはあるのだ。国の違いで一方では人間がギュウ詰めになって、生きるのに困っている国もあるかと思えば、こんなに肥えた無限の土地が荒廃したように手つかずになっているる。交通機関が発達して、一日でどこへでも出られるほど地球が狭くなったのだから、民族国家を守っている世界なんておかしい気がした。

メンドサに住んでいるという隣席の青年は、まったく英語もフランス語もわかってくれなかった。私はカリフォルニアの農場で密入国してきたメキシコ人と一緒に働いているとき、スペイン語の単語を少しおぼえた。スペイン船のキャボサンロック号の上でアルゼンチン人からも習ったので、カタコトのスペイン語でメンドサのことを聞いた。

「ヨ、テンゴ、ウン、ポコ、ディネロ。ホテル、メンドサ、ドンデ？」

知っている限りのスペイン語の単語を並べた。こっちは金が少ししかない。メンドサにいいホテルあるか？ のつもりだ。答えは非常な早口で返ってきた。その中に、

「……ホテル……エスタシオン……ノーチェ……ムイ、ビエン……メンドサ」

などといくらかわかる単語が出てきた。彼の表情から、多分ホテルはメンドサの駅にいってから案内してやるといっているような口ぶりを感じとった。それで私は、

「ムーチャス、グラーシャス」（どうもありがとう）

と二回ばかりくり返していうと、

「デ、ナーダ」

といった。デ、ナーダとは、どういたしましてという意味なのだ。

パンパを通っている間に日が暮れ、列車は夜の中をつっ走っていた。途中まったく人の住む気配もないようなところにも、駅だけはあって、駅の近くに電灯がほそぼそとつ

いているだけである。モンバサからナイロビに入るときのオアシスの町のようなものだろう。

## 「ロコ」と呼ばれて

真夜中、メンドサの駅に着いたとき、私がキスリングのザックのほか、はち切れそうなボストンバッグを持っているのを気の毒がって、青年は私のボストンバッグを持ってくれ、駅から五分もかからぬ宿屋に案内してくれた。親切な男で、翌日も朝九時ごろやってきてたたき起こしてくれたほどだ。アコンカグア登山の許可をとることを彼に頼もうと思ったが、そういう複雑な話をこなすには私のスペイン語はインチキすぎる。彼はメンドサの地方新聞社「ロス・アンデス」に私をつれていってくれたのだ。

ロス・アンデス新聞社の地下で、あるテレビディレクターに会った。彼はアコンカグアには登ったことはないが、山好きな人でアンデスの山にはよく行くといっていた。アコンカグアについての知識はかなりのものだった。

私はヒマラヤやアフリカのキリマンジャロやヨーロッパのモン・ブランなどに登り、こんど南米の最高峰であるアコンカグアの単独登山をするためにやってきたのです、と英語でやった。

でっぷり肥った彼の返事は、

「……オー、ノー。インポッシブル」(とっても無理だよ)

だった。

「なぜ? 私は今までひとりでモン・ブランにもキリマンジャロにも登ってきているので、アコンカグアも北方のルートから登ればそれほど難しくはないと思います」

「アコンカグアは七〇〇〇メートルもあって、君ひとりでは登れないと思うが、それより今年からアコンカグア地域は軍隊の登山許可をとらねばならないことになったのだ」

モルジンヌではエドモン・ドニー氏から、

「アコンカグアに登るには、メンドサで登山準備をしてチリ国境へむかう車か、列車でアコンカグアの近くまでいき、そこから谷をつめて麓から登ればよい」

と聞いていた。またプエンテ・デル・インカに駐屯している軍隊のラバを借りうけて、アコンカグア南壁の下部まで入ったことも聞いた。それが今年から軍隊の許可を必要とするとは、なんとも面倒なことになった。ディレクターがいうには、どうも最近、アコンカグア登山者で遭難するものが多くて軍隊に救援出動の迷惑をかけ、またチリとの国境近くにあるので、国境警備をきびしくしなければならなくなったというのだ。

私は楽天的だから、自然公園だから形の上だけの許可を警察からとったアフリカのケニヤ山の場合と似たようなものだろう、とタカをくくっていた。

ディレクターはすぐ軍隊へ電話を入れてくれ、何かしら長話をしていた。英語ではなかったので、その内容はほとんど聞きとれなかった。しかし、三年以上もよくわからぬ外国語の世界で暮らした私は、わからぬ話を本能的に察知するカンがあった。彼の話の様子からみて、どうも私のいうことを本気にしていないような気がした。そして、

「ロコ……」

という言葉が耳にはいった。「ロコ」という言葉はメキシコ人労働者がよくつかっていたから「バカ」という意味だと知っていた。

「いまバカがきていてねェ……」

という話なのか。

だが考えてみれば、キャボサンロック号で航海中にできた多くのアルゼンチンの友人も、私のアコンカグア単独登山という話には、みんな同じように、

「まさか」

といったものだ。そして私が、

「ヒマラヤではこのアコンカグアより、一〇〇〇メートルも高い山に登ったのだ」

といっても、私の体が小さいから信用されなかった。

ディレクターはそれでも長電話を切ると、ロコのためにすぐ手紙を書いてくれた。そして、

「この手紙を持って軍隊の本部へ行け」

とメモに街の道順を描いてくれた。

私はこの南米にくるまえまで、ゴジュンバ・カンの頂に立ったときの記事ののった新

聞や、キリマンジャロ、ケニヤ山に登ったときのスライドなどいっぱい持っていたが、フランスを去るとき、そのドキュメントなどを、全部日本へ送り返してしまったのを後悔した。あれがあれば私がロコでないことも証明できただろう。山登りがあまり盛んでないアルゼンチンの人に、

「アコンカグアより高い山に登った」

といっても、ドキュメントがない限り、なかなか信用してくれないのだ。私がもし彼らの立場にあったら、突然おとずれた小柄な若者をやっぱりロコだと思うかもしれない。

そう思いながら私は、描いてもらった道順にしたがって、軍隊の建物をおとずれた。五ブロックほど離れていたが、道路は碁盤の目になっているから、曲がりくねった東京よりずっとわかりいい。

それは三階建ての鉄筋の建物だった。石段になって少し高くなっている門のところで、二十歳にもなっていないような童顔の、軍服がまるで似合わない若者たちがゴロゴロしていた。

彼らをかきわけるようにして石段を登り、託された手紙を受付にわたした。英語は通じなかったが、それはあたり前のことだ。

待っていると、受付のピストルをさげた兵士が私に何かいって親切に椅子をすすめてくれた。遠慮することもないと思い、

「ムーチャス、グラーシャス」

といって、大きくデンと腰をかけた。こんなところでこそしてはいけない。だいたい小さくて弱々しく見えるのだから、こんな男はとても登山できないという印象を見せてはいけない。人間は第一印象が大切なのだ。そう思って私はことさら肩をいからすようにして坐っていた。

二十分は待っただろうか。

「セニョール……」

と、受付が私を呼んだ。誰か軍隊の上級士官にあわせ、アコンカグア登山の許可をくれるのだと思った。手紙を出しておいたので、もう許可が出たのか。やれやれ、これならもう高い金を支払ってホテルに泊まらなくてもすむ。一日も早く山に入って人の社会からぬけ出したかった。少しできるようになったフランス語ならいざ知らず、顔の表情をよみながら数語しか話せないスペイン語で一日一日を過ごすのは、私にとっては、山での数日分の重労働なのだ。

ところが、受付の男が私に手紙を差出すではないか。私はそれを手にとって、

「エステ……ペルミシオン、デ、アコンカグア?」(これはアコンカグア登山の許可証ですか)

とやってみると、言葉は通じたとみえ、

「ノー……」

という言葉が返ってきた。よく見るとメンドサの警察あての手紙だ。たしかテレビデ

ィレクターは軍隊が許可を出すといったのだが、軍隊と警察と両方から許可のサインをとるのだというのだろうか。面倒な話だが、そういえばケニヤ自然公園でも警察署から許可を出していたっけ……。

登山申請第一号

私は受付の者に警察署へ行く道順を聞いたが、さっぱりわからない。

「マッパ、マッパ」(地図)

というと、紙っ切れに略図を描いてくれた。軍隊のすぐ近くだった。また軍隊の受付に出したように、警察の受付に手紙を見せて案内してもらった。ここでも肩で風を切り、体を後ろにそらしてわざとガニ股を装い、案内より一歩遅れて歩いた。セクションは忘れたが、ある部屋に通された。会わされたポリスは私より少し背の高い、体のガッチリした男で、制服の肩には四つの星が光り、いかにも偉そうに見えた。私は、

「ブエノス、タルデス、セニョール」

と、彼に負けないように肩を張って彼の手をにぎり、手紙をゆっくりと彼に渡した。

そして先手を打って、

「ヨ、ソイ、グランデ、アルピニスト、ハポネ。ヨ、キエロ、クライム、アコンカグア、ソロ」

とやった。

「私は日本のアルピニストです。私はひとりでアコンカグアに登りたいのです」

といったつもりである。知っている単語をくっつけたり、わからないところは英語なのだから、このスペイン語風の会話には責任はもてない。それでもどうにかなるもので、彼は納得してくれたようだった。そして、アコンカグアに登るにあたっての一枚の注意書を見せてくれた。

それでやっと手続きがわかった。私はまず計画書に、登山ルート、期間、登山経歴を書きこみ、それに装備表と身体検査証をそえて警察に提出、その上で軍隊の司令官が許可を出すというのだ。許可をもらったら、警察に一万ペソ（一万円）を供託しなければならないという。私はこんなややこしい手続きにはじめてぶつかった。

仕方がない。私は翌日、警察署に登山用具を持ちこんで装備表を作成しなければならなかった。警察官がそれを手伝ってくれようとしたのはいいのだが、ハーケンを見せても、彼らには名前はおろか、何に使うものかわからない。それをスペイン語でタイプしようというのは、まさにアコンカグアに登る以上の難作業だ。あげくの果ては右手の人さし指をコメカミに当てて、

「ムイ、ロコ」

という。

「アコンカグアに君ひとりで登れるわけはない。君は非常にバカだ」

ということらしかった。毎度のことだから、もうロコと聞いても怒る気にもなれない。いいさ、バカと煙は高いところへ登りたがるんだ。オレは登ってやるぞ、ひとりで南米の最高峰へ……。

それにしても、またまたなんと面倒なことだ。こんどは、

「君の保証人が必要である。ブエノスアイレスの日本大使館へ行って、大使館の添え書きを持ってきなさい」

ときた。それは私が恐れていたことだった。それがあれば有利なのは百も承知だ。だが日本大使館に、

「単独登山なんてとても無茶だ。事故を起こしても、大使館は関知しない」

とでもいわれたら、すべてが水の泡になるのだ。だからこそ私はわざと大使館へ行かなかったのに……。

仕方ない、ほかの人を捜そう。ちょうど私はロス・アンデスの記者に紹介されて、イタリア人の奥さんを持つ日本人の経営する宿に泊まっていた。「レジデンシャル・パリ」という名だった。私はあつかましくも、その経営者の森さんという日本人移民の人に、保証人になってくれるよう頼んでみた。しかし、あっさり断わられてしまった。大使館でやってくれそうもないことを、お願いしようというのだからいささかムシが良すぎるというものだ。

困っているとき、メンドサ山岳会の四、五十人もいるメンバーの中のひとりが、保証

人に名乗りをあげてくれた。キャルロス・オルメド・ヘルトレイン君だ。私より一つ年下のメンドサ大学の学生である。

私は感謝した。彼は英語ができ、意外にうまくことが進んだ。私はレジデンシャル・パリから毎日警察に通った。身体検査はメンドサ中央病院でやってもらったが、医者は、いとも簡単に耳たぶを針で一回つついただけの血液検査で、

「登山するに差支えない」

の身体検査証をつくってくれた。しかし警察のラチがあかないのはあい変わらずで、私はまるで犯罪者でもあるかのように取調べられ、調書をとられた。顔の写真を前後左右からとり、手の指紋から掌紋、そのうえ足の指紋までとる有様だ。今年から登山許可制となり、どうやら私がその申請第一号らしく、まるでテストされるモルモットのようにネチネチやられるのには、まったく閉口した。

一方、私は警察と同じように、軍隊にもお百度を踏んでいた。上官に会ってうまく取り入ったらいいかと思ったが、上官に会うチャンスもない。そんなことをしていたら若い兵隊と親しくなり、私は三階にある体操室に上がりこんでバスケット、鉄棒、平均台、エキスパンダー、重量あげをして遊んだ。この中にメイジャーの階級を持った将校がいて、

「しめた」

と思ったのだが、アコンカグアの許可には結びつかなかった。それでも、体育館にき

て、汗を流すということは気持のいいことだ。それに登山のために体力をつけるのに役立った。

## エル・プラタ登頂をめざす

五日経っても許可がなかなか出そうにない。署長も同情はしてくれたが、彼の一存ではいかないのだ。私の方もホテルの食事付一日千二百円は財政的にこたえる。

「こうなったらいっそのこと、自分でこの近くの六〇〇〇メートル級の山に単独登山をして、自分の実力を彼らに見せてやろう。それが一番手っとり早いかもしれない」

シビレを切らした私はそう思いついた。敵は本能寺にあり、というわけだ。キャルロス君も、

「それがいいだろう」

といって、適当な山を見つけるためにメンドサ山岳会のスライドなどをいくつか見せてくれた。またアコンカグアにグループで登ったことのある山岳会員のアルフォンソ君も協力してくれた。

そして私は一月十四日キャルロス君に見送られて、バスでひとり出発した。メンドサから南西二百キロのアンデスの連峰、エル・プラタ（六五〇三メートル）の単独登山に向かったのだ。標高八〇〇メートルもないメンドサから濁流の川沿いに登り、アメリカ

のコロラド地方を思わせるサボテンが点在するデザート（砂漠地帯）を通りぬけ、チリ国境へ通じる国道から、バスはさらに、エル・プラタから流れ下っているリオ・ブランコの川沿いにさかのぼっていくのだ。するとポプラやしだれ柳の茂ったオアシスのようなところがあって、三、四軒茶店が建っているところが、バスの終点だった。エル・プラタへの登山は、さらにデザートの中の自動車道を登っていくのである。

そこには柳の下でピクニックにはしゃいでいる客が大勢いたが、私はひとり約三十キロにもおよぶ重いザックを背負い、風でほこりのたつ車道を登った。私のほかに登山する人はいなかった。みんなこのあたりで、澄みきった清流に足をつけたり、近くの丘によじ登ったりして遊んでいるだけだった。

私は、このエル・プラタ登山に五万分の一の地図を持っていなかったが、メンドサ山岳会のスライドで見覚えのある土地だったし、キャルロス君がエル・プラタ付近の詳細な地図を描いてくれたので、それをたどっていけばよかった。

バスを降りて二時間も歩かないうちに、ジープが上がってきた。そして、私の横にとまり、

「車が行ける終点まで乗せてやる」

というので、その好意に甘えた。実際、バスを降りて三十分と歩かないうちに、私は汗をダクダクと流していた。体はオーバーヒートしたように火を吹いていた。三十キロの背中のザックは重く、真夏の灼熱の太陽が道路をこがし、日陰のない道は輻射熱と直

射日光とで、火の上を歩いているようだった。だから、ジープに乗せてもらったのは、ちょっとシャクではあるが、この上なくありがたくも感じた。

もう長い間三十キロという重量を背負ったことのなかった私には、学生時代しごかれた当時の力は出なかった。新人のときは、夏山の体力強化の合宿で、米二斗に石油二升罐二つ、それに自分のシュラフ、衣類の装備など総量六十キロ以上のザックを背負わされ、北アルプスを歩いたものだ。いくら日射がきびしいとはいえ、半分の三十キロという重量でまいっているのだから、体が弱くなったというより、自分にあまえた山行をしているなと反省した。自分に厳しくなくては単独山行などできないと思いながら、乗物がやってくると、喜んで手を出して乗ってしまうのだから、われながらえらくナマったものだ。こんなことではダメだ、と思った。

車の終点のバリェシトスというところには、一台のリフトがかかったスキー場があった。七、八月の冬期にはメンドサの人たちはここまでスキーをやりにくる。またリフトのすぐ横の丘には、チリ国境に近いため、山岳兵のいる監視所があった。ここは標高二七〇〇メートル。風が谷の上部から吹きおろし、汗で濡れた下着が冷たく感じるようになった。

## 禍は転じて福に

第一日目、私は軍隊の建物から一〇〇メートルも離れていないエル・プラタの小川の横にテントを張った。軍隊の監視所に二人の兵士、リフトの隣の小屋には小屋番、そのほかいまジープで上がってきた人たちがはいったバラック小屋には、道路工事の人夫が八人ばかりいる。おかげで心強かった。

テントのすぐそばに小川があって水も汲める。まだ陽も高かったので、小川をわたって見晴らしのよい尾根に登り、アンデスの高山植物の花を採って楽しんでいると、どこからきたのか、私のテントのそばに五、六頭、赤茶色の馬とも牛とも見わけのつかない動物がやってきていた。そのときは二キロほども離れていたので、はっきり見わけがつかなかったが、どうも様子が変だとテントへ走って帰ってきたら大変だ。

私のテントは、日本を出発するとき、東京上野の御徒町で買った三千円としない安物だったが、それがメチャメチャにひっくり返され、やせこけた牛ども（どうも牛らしい）が食糧をつめたカートンをバラバラにちらかし、私の食糧をモグモグやっていた。

私は必死になって、砲丸ほどもある大きな石を、その牛どもの群がるところにぶん投げてやった。それが一頭の牛のシリのところにまともに当たったものだから、

「キャオー」

と悲鳴をあげて一斉に逃げていった。しかし、被害は甚大だ。メンドサのマーケットで、パンや野菜など十三日分も買って持っていたのに、玉ネギ、ジャガイモ、ニンジンなど野菜は跡かたもない。わずかにパンがあたりにちらばり、かろうじてジャムのビン

詰とか、肉の罐詰が残っているだけだった。牛どもは、もう逃げるのをやめて、テントから四、五〇メートルと離れていないところで、舌をペロペロやっている。ふしぎなことに、もうにくらしいという気持は起きなくなってしまった。

幸いにもパンは数個食べられるものがあり、二、三食分はとれた。しかし、これっぽっちではどうにもならない。エル・プラタを目前にして引っ返さなければならないのか……。

そのとき、軍隊のバラックが目にはいった。監視兵が駐屯しているんだから、人間ひとりの一週間分ぐらいの食糧の予備はあるだろう。なんとかそれをもらえば、オメオメこのまま下山することもない。このまま帰ったら、キャルロス君も、

「やっぱりあいつは単独登山なんてできっこない」

と思うだろう。

「牛に食糧を食われちゃったから帰ってきた」

などといっても、だれが信じてくれるだろう。

私はまた近づいてきた牛どもに石を投げて追い払ってから、軍隊の監視所に出かけていった。そして、

「ノー、コメール、ノー、コメール」（食うものない、食うものない）

と、たよりないスペイン語でいいながら、牛がテントを倒し食糧を食い荒らしたことを一生懸命ジェスチャーでやってみせた。すると、二人の兵隊が私のテントのところへ

ついてきて、そのメチャメチャな有様をみると、本当に気の毒に……といった顔をした。二人のうちのひとりはホルジン・ベラン君といった。彼の話によると、軍の監視所もあの牛どもに襲撃されることがあるのだそうだ。カギをかけておかないと、監視所の食糧倉庫にまで闖入《ちんにゅう》してくるという。このあたりに放牧されている牛は、夏の間は全然エサなど与えない放し飼いで、人間さまをなんとも思わず、小石のひとつやふたつ投げても逃げはしない。でかい石でないと効果がない、ということだった。

「今夜は監視所に泊まりなさい」

というベラン君の好意に、私はわたりに船と甘えることにした。牛の足跡がついたシュラフなどをザックに詰めこんでノコノコ監視所に行くと、おいしいコーヒーをご馳走してくれた。

「エル・プラタにどうしても登りたいから食糧を分けてもらえないだろうか」

と頼んでみたら、彼は、

「ムーチョ、ムーチョ」

と大きく手を広げ、私を食糧倉庫へ連れていってくれた。チーズあり、ワインあり、タマゴあり、玉ネギなどは石炭箱十箱以上も積んである。私はその中から、携帯するのに便利なような罐詰や干肉などを分けてもらった。そのうえ、私は三日間もこの監視所に泊めてもらった。牛にやられる前よりも、私のザックの中は充実したほどだ。こうして兵隊たちの好意の結果、私の禍《わざわい》は福に転じてしまったようでもあった。

私はお礼をいって、エル・プラタ谷の一番奥にあるオヤダというところへひとりで進んでいった。監視所があったのは標高三〇〇〇メートル、オヤダは四八〇〇メートルだから高度差一八〇〇メートルの登りになる。シュラフ、防寒服、ザイル一本、カラビナ二個、ロック（岩用）とアイスのハーケン二本ずつ、ハンマー、テント、炊事用具、それに分けてもらった食糧と装備は約二十五キロだ。エル・プラタ登山にザイルやハーケンなどいらないということだったが、なんでも持っていれば、心づよい。

## 高山病を克服して

はじめは二日かかると思っていた行程が、朝十時に出発して八時間で到着してしまった。この行程は技術的に困難なところもなかった。黄色い高山植物の咲き乱れる河原を通り、氷河から流れた灰色の水が滝のように落ちているところをまいて、ダラダラと登っていくと、谷の一番奥のオヤダに着いてしまったのだ。これなら七〇〇〇メートルのアコンカグア単独登山のほうもまんざらではないなと、自信がもりもりわいてくる。私は三方を山で囲まれた平坦な氷河のわきにテントを張った。幸い天候は私に味方していた。夕方オヤダの谷はガスが少しかかったが、やがてそれもすっかり消え去った。雲ひとつない夕景はのどかで、それがきれいな星空に変わっていった。氷河の上を流れる水を汲んで作る紅茶の味は、また格別だ。

しかし四八〇〇メートルといえば、ヨーロッパの最高峰モン・ブランと同じ高さである。夜はさすがに冷えこみ、私は羽毛服を着こんだままシュラフの中にもぐりこんだ。だが数時間後、しめつけられるような夢で目がさめた。チクリチクリと頭痛がし、もう眠るどころではなかった。うすい空気にやられる高度障害、高山病の兆候に違いない。

昨夜はあんなに快適な気分だったのに、こんな高さで高度障害とはなんということだ。キリマンジャロでも、ケニヤ山でもこれぐらいの高度は経験していたが、あのときはなんでもなかった。それとも風邪にやられたのだろうか。キャルロス君は、

「オヤダのテント場で頭が痛くなったら、単独登山は注意した方がいい」

といっていたっけ。私は用意していたアスピリンを飲んだ。それでも頭痛は一向におらぬまま、頭をかかえてウトウトしながら朝を迎えた。

好天は続き、ゆうべテントをパタパタ鳴らした風もおさまっていた。私はシュラフからぬけ出せないで、

「この頭痛を麻痺させて登ることはできないだろうか」

などと思いめぐらしていた。エル・プラタの頂上は手前のピークでかくされていたが、もう手の届く近さにある。空身でも登頂できるほどなのだ。

陽光がテントのなかにまでさしこむと、まるで暖房を入れたような暖かさになった。そこへ羽毛服を着てシュラフにはいっているのだからたまったものではない。私は羽毛服を脱ぎ、ついにはテントの外へ出て日なたぼっこ、そしてスープを作って朝食をとっ

た。

しかし、その日一日、テントのそばでブラブラしていると、幸い頭痛はけし飛んでいた。頭のモヤモヤはなくなったものの、谷をおおったガスは消えず、まわりの五〇〇〇メートルの稜線は、姿を現わそうとしなかった。明け方三時、小便に起きたときには晴れ上がっていたが、星の輝きは前の日にくらべると弱々しい。天気があと一日もつかどうか。エル・プラタ頂上まで高度差は一五〇〇メートル。技術的に難しくなければ、距離もそれほどないし、三、四時間もあれば登れるだろう。

夜明けとともに出発するつもりだったのが、実際に出かけたのは八時になってしまった。小便に起きたとき、眠らないで待っているつもりだったのに、コンロを焚いたものだからホカホカといい気持になってしまい、また寝こんでしまったのだ。

私は羽毛服を着、アイゼンや食糧一食分にパン二個、チョコレート二枚を持ってテントを出た。

富士山の砂走りのような登りづらい小石の斜面を登り、バリェシトス・コル（五二〇〇メートル）に出る。天候はやっぱり悪化して行くらしく、その前兆か稜線に風が吹きつけるとガスが湧き上がったり、消えたりした。エル・プラタ谷の裏側を流れるリオ・ブランコの川が谷深く切れ落ち、その対岸にはアルプスにみるシャモニの針峰群のように、槍《やり》状の岩峰が連立してそびえていた。その槍の中ほどのところがガスで見えないのでますます立派に見えた。

それはメンドサ山岳会の人たちの大半が未踏峰だと教えてくれたエル・ペイネの峰々だったのだ。エル・ペイネとは、スペイン語で櫛《くし》という意味なのだが、まったくピッタリの名だと思った。

リオ・ブランコの谷をまくようにして、主峰エル・プラタに向かうルートをとった。次第にガスが濃くなる。リオ・ブランコの谷から吹き上げてくるのだ。

出発して三時間になりかける十一時に鞍部に出た。雪のクラスト（雪面が堅くなること）が強くなり、アイゼンをつけないと登れなくなった。視界は狭くなり、ときたま訪れるガスの切れ目を見はからって登った。気温はかなり低いらしく、吹雪に変わってきた。前髪、マユ毛が凍りつき、激しい寒気が手足をしびれさせた。

最後のピークの登りには一時間かかった。ガスの中、もうこれ以上ピークがないというところにアルミ製の十字架が岩の上に立っていた。メンドサ山岳会で写真を見ていたので、見覚えがあった。一月十九日午後零時十五分である。

頂上の岩は花崗岩が風化したもので、東側は庇《ひさし》のように雪が張り出し、風が強い西側はまったく雪のないガラ場となり、斜面のところどころにクラストした雪をつけていた。悪天候をついての登攀だったが、これでアコンカグアの単独登攀の道が開けるかもしれないと私は満足した。

帰路はガスで道に迷いながらも一時間でテントに帰り、翌日は軍隊の監視所で一泊、兵隊を迎えにきた車に便乗してメンドサに戻った。

## ピエロの熱演

アコンカグアの登山申請は警察署長の手もとでストップしたままだった。私は通いなれた道をまた警察に出かけ、

「エル・プラタに登ってきた。疑うならいま写真屋にフィルムを出してあるから見てほしい」

と、署長にかけあった。

こうして私は町の南端にそびえるビルにある政府の国務課に呼ばれることになった。私はザックに装備のすべてをつめて出かけた。ことばが不自由だから、説明するよりは実演する方が早かろうというわけだ。ひとつひとつ担当者のサインをもらい、一月三十一日にはメンドサ地方の軍最高司令官の呼出しをうけたので、またザックをかついで出かけた。

メンドサの町並みは、私が歩きまわった限りでは世界で一番美しいと思う。町には碁盤の目のように整然と道が走り、巨大なプラタナスが、車道をおおうトンネルのように美しい枝を張り出しているのだ。歩道は模様のはいった色とりどりのタイルが敷きつめられていた。

私が軍隊の建物の三階の体育館で、案内人にいわれるままにザックの中から全装備を

とり出して広げると、鉄棒などをやっていた連中が集まってきて、私はまるで夜店の大道商人のようになってしまった。その人垣が崩れたかと思うと、背の低い人と背の高い口ひげの男が近づいてきた。私の胸はドキドキと高鳴った。

背の低い若い人がメンドサの司令官だった。

「私はマルセ・コマンドです」

と、手を差しのべた顔付きには、

「もう許可してもいい」

といった表情が読みとれた。彼は私の装備をひとつひとつ指さして説明を求め、そのたびにスペイン語がほとんどわからない私はカタコトで説明しながら冷や汗をかき、タオルをぬらした。

おまけに私の装備ときたら、フランスの登山以来のものだから、ひとさまにお目にかけるしろものではない。私の手袋は破れて三本の指が頭を出し、毛の下着も破れてボロボロだ。司令官は、

「ノー、ブエノ、エキープメント」(よくない装備だな)

とかいって、しだいに表情が険悪になった。

「アコンカグアにひとりで登ろうとするのだから、さぞかし立派な装備を……」

と思っていた彼の期待を、私は明らかに裏切ったのだ。私は、

「これはいけない」

とあわてて、いそいで弁解をはじめなければならなかった。

私は穴のあいた靴下に手をつっこんでみせ、

「靴下は足にはくばかりでなく、寒いときはこうすれば手袋のかわりになります」

とやった。黒山の人だかりがドッと笑った。

私はついでに司令官の前でズボンをぬぎ、セーターを取り出して、

「セーターはこうすればズボンにもなります」

とさかさまにはいて見せた。黒山の人はこんどはギャーギャーと腹を抱えて笑いころげた。しかし私は真剣そのものだった。汗をとばしながら必死に説明を続けていくと、どよめきはやみ、みな催眠術にかかったように静まり返っていった。

「単独登山では背負う重量に制限があります。装備がよくても食糧を持たねば不可能です。単独登山は行動性、融通性に富んでいなければなりません」

苦肉の策からの実演で司令官は納得し、そうなると妙なもので、スラスラとスペイン語が出てきて万事私のペースで終わった。

「OK。うちの師団がアコンカグアの入口にあるから連絡せよ。私から、君に援助するよう伝えておく。彼らは山岳兵で防寒具もいいのがあるから借りるように。ふもとまで軍隊のムーラ（ロバと馬の混血）を用意させよう。ただし二十日分の食糧は用意するように……」

私は〝やったぜ〟と心で叫び、町のスーパーマーケットに飛んでいって二十日分の食

糧を買いこんだ。その重量は三十キロを越えた。

アコンカグアの北方ルートは早大隊など日本人も大勢登っている。頂上近くから四二〇〇メートルまでスーパー・キャナレータという大きなガラ場が下がっていて、それをジグザグに登れば比較的たやすい。富士山のように、天候さえよければだれでも登れるのだ。ただ高度が七〇〇〇メートル近いので、ふつうの人は登り口で四、五日休養し、途中三日ばかり泊まって頂上へ立つのが常識である。それに登りやすいといっても、天候が急変して猛吹雪になったら恐ろしい。過去の犠牲者はみなこの天候急変による凍死だ。数年前メンドサ山岳会のキャプテンも、単独登山を試みて六五〇〇メートルの岩の下で凍死した。そのことがあって、軍隊は私をなかなか許可してくれなかったのだ。

二月二日、ザックにはいりきれない食糧をカートンに詰め、西方のチリ国境、プエンテ・デル・インカに向かって国際列車で出発した。汽車は朝八時にメンドサを出、半砂漠地帯を縫って午後三時に到着した。駅前にアルゼンチン軍隊の駐屯所があり、

「セニョール・ウエムラ、あなたの到着を待っていました」

と迎えてくれた。

上からの命令とあって、胸もとに銀の星をつけた師団長は私をカジノに連れていってワインまでふるまってくれたが、部下の将校に命じての最後の装備点検はまた厳重だった。

「こんなボロじゃ……こんな薄いシュラフじゃ……」

「ナベも持たないのか」

と、その若い将校はうるさかった。私もちょっと頭にきて、

「ナベは必要ない。なか身を食べたあとのアキ罐がナベになるんだ。それに雪をつめてコンロにのせれば水もできる。ナベを持ってくるくらいなら、食糧を一日分余計に持ってくる」

といってやった。そうしたら向こうが折れてきて、手袋や防寒具を持っていけという。

私はちょっとキザっぽいとは思ったが、

「山登りは自分の足でやるもの。自分の装備でやるものだ」

といって、装備も借りず、自動車がわりに乗せてやるというムーラも断わった。ただザックだけはプラサ・デ・ムーラスまで運んでもらうこととし、軍医の身体検査を受けて翌朝五時に出発した。

## 十五時間でアコンカグアの頂へ

まだ夜の明けぬオルコネス谷ではランプをつけねばならなかった。一時間すると日が昇り、アコンカグアの頂が白く見える。谷底を通って南壁への小道のコンフルエンシアにくると、誰もいないと思った避難小屋で、三人のドイツ人とひとりのアルゼンチン人のパーティーに出会ったのにはびっくりした。変だ。アコンカグア登山許可は私が第一

号のはずなのに……。聞いてみたら、はたして彼らは無許可登山である。

そんな連中の後手を踏むのはごめんだから、午前八時に私は一足お先に出発、南壁から流れ下る川をわたり、河原をつめて午後二時、四二〇〇メートルの台地にある一軒家プラサ・デ・ムーラスにはいった。軍隊の駐屯所を出て九時間、ふつう二日がかりのコースだが、エル・プラタで高度順化をしている私の体は、そこを一気に歩ききってなお快調だった。

小屋の下には、氷河からの水が流れて、正面にはカテドラルの岩峰、そしてアコンカグアの頂上こそかくれていたが、頂上へ続く道が斜面に見えた。それは富士山の道のようにはっきりしていて、夜登っても間違うはずはなかった。よし、これならラッシュ・アタック（一気に頂上をめざすこと）ができる。二十日間なんて冗談じゃない、私は一日でやってみせる自信がわいた。今晩、懐中電灯を持って出発だ。それまで寝ておこう。

カンカン照りの真っ昼間、私が小屋にもぐりこんでウトウトしている間に、軍隊が約束どおり私のザックをムーラにのせて運んできた。三十キロの荷を運ぶのに、兵隊をのせたのを合わせムーラが四頭もかり出されるのはオーバーな話だが、もしかしたら偵察を兼ねているのかもしれない。とにかく私は感謝しなければいけなかった。

彼らが差入れてくれた大きな牛肉を焼いて食べ、ひと寝入りしていると、こんどはさっき出会った無許可登山組の声でまた起こされた。知らん顔をして寝ていると、高山病にやられたと思ったらしく、無理に鎮痛剤のアスピリンを押しつけられるのには参った。

彼らが寝静まったのを待って腹ごしらえをし、ゴソゴソと出発準備をしていると、みんなが目をさまし、

「なぜこんなに夜おそく出かけるのか。高山病で気でも狂ったのか」

と、またひと騒ぎである。それでも私は午後十一時、二十日間分の食糧を小屋に残し、懐中電灯を手にアタックに向かった。

夜空は満天の星だ。登るにつれ、国境を越えて遠く西にサンチアゴのあかりが夜空に映っていた。灯台の光がグルグル回っては輝き、輝いては消えた。なぜ私は夜になんか出発したのだろう。よくはわからないが、単独登山なんて不可能だと冷笑した軍隊に対して、多少意地になっていたのはたしかだ。プラサ・デ・ムーラスから頂上までの高度差は約二八〇〇メートル。一時間に三〇〇メートルとして、このコースから十時間あれば頂上にいける。

「一日でやっつけた」

といって、彼らを仰天させてやろうという衝動もあった。

羽毛服を着ていても風は冷たく、立ち止まると背中の汗が冷えるので、グングン歩いている方がましだった。登るにつれて風は強く、ズボンが薄かったので、下半身は針に刺される思いがした。富士山五合目から頂上への道のように単調だが、三時間も歩くとこたえた。岩角にかがみこんで小休止、汗が冷えるから歩く。歩く、止まる、歩く、止まるのくり返しだ。

東の空が白んだころ、五八〇〇メートル地点で岩角を回るとベルリン小屋があった。一、二時間休んでいこうと思い、入口を押して手さぐりでいくと、なにやらやわらかいものを踏んづけ、

「ギャーッ」

と叫び声がした。私もバケモノかと思って腰をぬかさんばかりだったが、なんとこれもドイツ人二人の無許可登山のパーティーだった。

私はベッドの下段にもぐりこんだが寒さで寝つかれない。コーヒーとパンの食事をとり、午前七時二十分ドイツ人より先に出発した。しかし、私のペースは落ちて、雪渓の中でドイツ人二人にぬかれた。最後のスーパー・キャナレータの登りを直登、懸命にラッセルしたが追いつけなかった。頂上直下の大ガリー（急峻な岩溝）の苦しさは睡眠不足と疲労とで死ぬ思いだった。五歩、十歩と歩くたびに雪の上にひっくり返り、そこで睡魔が襲ってくるのだった。私はピッケルで自分の頭をコツコツと打ち、睡魔を追い払った。私はもっと苦しかったゴジュンバ・カン登頂を思い出しては自分を励ました。そしてアボリアのスキー場で会ったジョエル、アルゼンチンにわたってくる船の上で知り合った修道女のアナ・マリアに吉報を送るためにも頑張ろう……。

スーパー・キャナレータの上の、北峰と南峰の鞍部に出て、南米大陸最高峰のアコンカグア、北峰六九六〇メートルに立ったのは午後二時十五分であった。やったぞ、やったぞ！　プラサ・デ・ムーラスを出発してわずか十五時間十五分。きょうまで誰がこん

なスピードで登ったろう。登山はタイムを争うスポーツではないから、こんなことにどんな意味があるかと思ったりはするが、こうしてひとつの目標に向かってすべてを傾けるのはすばらしいことだ。北側にゆるやかな曲線を描くメルセダリオ峰を見下し、頂上に立ったときは疲れも忘れ、心はすごくいい気分だ。ただちょっぴりシャクなのは、無許可のドイツ人二人に先を越されたことだ。

頂上には雪はなく、奥穂高岳の頂上のように平たい。そこに鉄板が置いてあり、手帳があった。私はそこに「一九六八年二月五日午後二時十五分、植村直己」と書きこみ、日の丸、アルゼンチン国旗、明治大学の旗をおいて鉄板をかぶせた。

## 四面楚歌の成功

下りは例のドイツ人二人と一緒だった。彼らは許可の手続きがあまりに面倒なので、この登山を無許可で強行、プエンテ・デル・インカの手前の駅でおりて裏の谷からもぐりこんだのだといった。

彼らとベルリン小屋で一泊して、翌日下山する途中、こんどはコンフルエンシアで会った四人の無許可グループに会った。彼らは、

「軍隊には絶対いわないでくれ」

と、私に頼み、同罪の二人のドイツ人たちも、それに口添えするのだった。その日の

午後九時、プエンテ・デル・インカに帰った。途中コンフルエンシアの川をわたるとき足を取られ、一〇メートルも流される失敗をやってしまった。

プエンテ・デル・インカで、師団長のカルロス・ブラシアス中佐に、

「頂上へ登って、いま帰ってきました」

と、英語でやった。意味が通じないようだ。首をかしげている。そこで、こんどはフランス語でやった。それでもだめだ。それならばと、手まねでアコンカグアの山をつくり、ここに立ったのだと身振りをしたら、けげんな顔をして、

「オー、ノー」

と、頭を強く振った。それが何を意味しているのか、私にはよくわかった。彼は、私が登頂に成功して帰ってきたのだとは信じていないのである。

彼は、登頂に成功した証拠があるなら見せろ、と私に要求した。もっともな話である。私は、ポケットから小石を二個取り出し、これが、頂上の石であることを示した。だが、彼がそれを信じてくれたとは私には思えなかった。

頂上には、鉄板の囲いがあり、そこにアルゼンチンの国旗があった。私は、それを持ってくればよかったのだが、日本人の良心から、小石を二個拾ってきただけだった。

登る前によく聞いておけばよかったのだが、だいたい、この山に登ったら、先に登った人の残した記念品（たとえば旗とか）を持ち帰って、それを証拠とするしきたりがあるらしい。そこで、私は、頂上にはアルゼンチン国旗があったことを話して聞かせた。

すると彼は、なぜ、それを持ってこないのかと、私をなじる。

事実、私が見たアルゼンチンの国旗は、二週間前、アルゼンチンの山岳兵が、六〇〇〇メートルのスーパー・キャナレータの基部までムーラを追い上げ、頂上に記念として残してきたものであるという。

前々日の早朝、このプエンテ・デル・インカを歩いて出た者が、たった十五時間で登頂し、帰ってくるなどということは、たとえスーパーマンでもできるわけがない、と中佐に疑いのことばを吐かれる。ついでに、その場にいた部下の将校（エッチェ・ベリア氏。彼はアコンカグアに登ったことがあるのだそうだ）も、十五時間で登って帰ってくるなど、とうてい正気の人間のできることではないと、断固として証言してくれない。いやはや、四面楚歌とはこのことか！

生来ノンキ者の私は、彼らが単独登頂を信じてくれなくとも、べつにどうということはなかった。さようでございますかと、サヨナラすればよかったのだが、あとにつづけた彼らのことばにカチンときた。

「ハポネ（日本人は）、……ロコ（ばか）……ロコ……」

ウエムラがどうのこうのというのならまだしも、〝ハポネ〟をきたないことばで罵倒するにいたっては何事か！　私にはわからないと思っているのか！　背に腹はかえられない。いうまいと思っていたことだが、

「私の登頂の時間は、同時に登っていた他の隊の人が知っている。ウソだと思ったら彼

らに聞いてみてくれ」

と、言ってしまった。

だれにも言わないでくれとたのまれていたのだが、ドイツ隊、ドイツ・アルゼンチン隊の無許可登山をバラしてしまった。日本の国を侮辱《ぶじょく》されたいま、どうかゆるしてください、と心の中で彼らに詫《わ》びながら……。

翌朝、四人の山岳兵がムーラに乗って、アコンカグアに入った。私の捨てゼリフで、無許可の登山隊があることを知り、事実の有無を調べにいったのである。

この日の午前中、女性一人を含むアメリカ・メキシコ・オーストリア合同隊八人が、私に続く二番目の登山許可を持ってやってきた。

どういう風の吹きまわしか、例のブラシアス中佐は、このパーティーの人々と六人の部下の将校をまじえた晩餐会に私を招き、アコンカグア単独登頂を祝ってくれた。いったい、どうなってんだろう。私の単独登頂を認めてくれたのだろうか？

この席上、中佐は、軍旗に“Por Extraodinario Ascension, Naomi Uemura”（並外れた登頂、植村直己）と書いて私に贈ってくれた。

登山前、単独登山などという彼らから言わせれば無謀な申し出を受け、おまえはアコンカグアの三十九人目の犠牲者になりたいのか（それまで三十八人がアコンカグアで死亡している）、おまえの装備ではとてもひとりで登らせるわけにはいかん、わが軍隊の装備を貸してやるなどと、こちらの自尊心を傷つけるようなことをずけずけ言っていた彼ら――だが、よく考えてみれば、彼らは彼らなりのアコンカグアの登山観から、親切心で忠告してくれたのだと思いあたる。

## 処女峰に立つ

私はメンドサに帰った。

数日して、次の登山のことでメンドサ山岳会に行ったら、アコンカグア登山中に会ったアルゼンチン人と顔を合わせた。私にバラされたおかげで、無許可登山の罪で四日間ブタ箱にぶちこまれたと、ショゲていた。私は、なんといって彼に詫びたらいいのか、困ってしまった。自分のいいところをみせるために他人を犠牲にしてしまったのだ。友情を解しない野蛮人だったこの男、植村！　彼と口をきくに値しないダメな男だ。私は、はげしい自己嫌悪に陥った。

私は金も持っていない。向こうさまのことばもろくにしゃべれない。それなのに世界の山を歩けるのは、その国の人々の暖かい心あってのことなのだ。

それなのに……。

南米の最高峰アコンカグアの単独登頂終了は、私にとってはまた次の段階への出発点にすぎない。

私の次の目標は、北米大陸の最高峰マッキンリー（六一九一メートル）の単独登頂だ。

南米の最高峰をやったのだから、こんどは、北米の最高峰を、といった程度の俗っぽい発想であり、マッキンリーに魅せられて、といった崇高な登山の動機でないのが、山男のハシクレである私を少々うしろめたくさせはしたけれども……。

もっとも、アルゼンチンを離れる前に、もう一つ、アコンカグアから南に百五十〜二百キロ、ポルティーリョ山脈にある、五七〇〇メートルの無名峰に登った。しかも処女峰である。私は、べつに蒐集《しゅうしゅう》癖や名誉欲が人一倍つよいとは思っていない。しかし、山男にとって、処女峰登頂はやってみたいことのひとつである。私の処女峰登頂は、ヒマラヤのゴジュンバ・カンだけだ。だが、それは明治大学の遠征隊隊員のひとりとしてグループでやったにすぎない。こんどは植村直己個人としてやったのだ。

その詳細は略すが、その処女峰の頂上に立ったのは二月十五日のことである。私は紙にその日付けと「NAOMI UEMURA, Japanese」と書いてコーヒーのビンに入れ、ケルンを積んで置いてきた。そこは三、四人がやっと立てるドーム型の岩で、東には、いま登ってきたトゥヌジャンの平野が見おろされ、北のピルカスとエル・プラタ、西ははるかチリ国境の高峰を見わたせた。しかし、山自体は、困難なものでなく、処女峰であるのがふしぎなほどだ。だが、メンドサ近辺には、ほかにもたくさんの処女峰がある。

彼らはせっかちな日本人とちがって、たとえそこに未踏の山があろうとも、おもしろくなければ登ろうとしないようだ。無名峰といったが、実は、私はその山をビルヘン峰という名なのだと思いこんでいた。だからメンドサ山岳会から、

「この山に命名してほしい」

といわれたときは変だなと思った。聞けば、ビルヘンというのはなんと処女という意味なのだそうだ。

私は考えたあげく、この山に「ピッコ・デ・メイジ」（明治山）と命名し、会長から登頂証明書をもらった。私は母校明大の名のつもりだが、メンドサのホテルの主人、森さんは、

「いい名前だ。ことしは明治百年祭だから」

と喜んでくれた。

あっという間にすぎたメンドサでの一ヵ月半。最後の夜はキャルロス君、アルフォンソ君らとカフェテリア閉店の午前二時まで語り合い、翌朝六時半彼らに送られてアンデスを越え、チリのサンチアゴに向かうバスの人となった。

岳友と別れるのはつらかったが、一日の生活費が千円以上もかかるメンドサに腰をおちつけるわけにもいかなかった。

# 六十日間アマゾンイカダ下り

## プカルパからイキトスの町へ

アマゾン河はペルーのアンデス山脈に源を発し、いく千もの支流を集めてブラジルの北部で大西洋に注いでいる。南米大陸を横断するこの大河は、全長六千キロにおよぶ。その河口にあるマラジョ島が、九州より広いということからしても、アマゾンがいかに大きいかがわかるだろう。

このアマゾンを単独で下ってみようと決意したのは、一九六八年四月イキトスにはいったときだった。アコンカグアの登頂後、ボリビアを経てペルーのリマに到着。ペルー・アンデスの山を狙ったが、ちょうど雨期であったため登ることをあきらめた。そこで、フランスを発つ前から漠然と夢想していたアマゾン下りを本気で考えてみたのだ。それに、アマゾンを下ってブラジルに出て、河口からアメリカへわたる方が安上がりだということもあった。金のない放浪生活をしていた私にとっては、この上もない計画でもあるのだ。

リマから長距離バスでアンデスを越えてアマゾンへ向かう。日本の東名高速道路を走る長距離バスとはぜんぜん比べものにならないオンボロバスだ。

バスは夕方、リマを出発し、真夜中にはモン・ブランより高いアンデスの雪の峠にさしかかる。私は、荷物の全部を屋根の上に積んで、半パンツ一丁で乗りこんだものだから、峠の雪には驚いた。バスのタイヤのはね上げるドロ雪が、破れた床の穴から遠慮会釈もなくとびこんでくる。地元の乗客はみんな羊やリャマの毛で編んだ毛布を持っているが、私は半パンツだから寒くてどうしようもない。しかし、隣に坐っていたリマ大学の女学生が、親切にも自分の毛布を、そっと半分かけてくれたのには感激した。おかげで楽しい旅の思い出となった。

二晩目はアマゾンの森林地帯にはいり、ドロンコ道となる。途中、茶店のようなレストランのそばでバスが止まったので、降りてゆでバナナにブタ汁のようなものを夕食にとった。ときおり止まるバスの停留所では、窓ごしにゆで玉子やオレンジ、パパイヤなどを売りにくる。日本人に対する感情はすこぶるよい。ペルーには日系人も多いが、中国人の方がずっと多い。アジア系の顔を見ると、現地人は〝チーノ〟と呼ぶ。

わがオンボロバスは、ウアヌコ、ティンゴマリアを経てまる二日がかりで、バスの終着地プカルパに着いた。

プカルパという町は、リマからアマゾンへはいる基地で、アマゾンの二大支流ウカヤリ河畔にある町だ。陸上交通はこのプカルパまでで、この先は船便にたよるしか方法はない。プカルパから数百キロ下ったところに、人口十万のイキトスという町がある。丘の上には、しゃれたレンガ造りの家が建ちならび、映画館やプラザ、教会などが軒をつられている。ここにはペルーの海軍が駐屯しており、ブラジル領事館もある。

プカルパからイキトスまで、ポンポン船。セメント袋や石油ドラム罐の上に乗って六日六晩、ジャングルの中を蛇行するウカヤリ川を下る。

船は静かにプカルパの町を出航した。河幅は三、四百メートルだったのが、次第に広がり、ゆるやかな曲線を描きながら蛇行し、いくつもの島と三日月湖をつくっている。両岸はジャングルで、プカルパの町を出てからは、どこにも家は見られなくなった。夜はイキトスに下る乗客たちと一緒にドラム罐の上に板を敷いてザコ寝した。蚊の大群と、突然襲ってきた大雨の中で一夜を過ごした。日中は何もすることがなく、船長から借りたハンモックに横たわり、移り変わる両岸のジャングルの景色を眺めながら、いつの間にか寝入った。朝はコーヒーにゆでバナナ、昼もまた、ゆでバナナに魚の煮つけ、夜もバナナという具合で、バナナが船の主食であった。

バナナの料理方法はいくつもあった。日本に入っているような熟した黄色いバナナではなく、もぎたての青いバナナだ。青バナナの皮をむいてゆで、他の副食の魚などと食べるのが一般的な食べ方だが、他にも青バナナを焼いて、トウガラシや塩、油を入れ、つぶしてダンゴのようにして食べる方法、またつぶしたダンゴをさらに油揚げにして食べたり、青バナナを輪切りにして油揚げにするのもおいしい。青バナナを一週間から十日も置くと少し黄味がかってきて、甘味をおびてくる。そのバナナを油いためと一緒に塩をふりかけて食べると実にうまい。彼らはほとんど黄色く熟したバナナは食べない。

一番おいしいのは半熟のバナナいためで、一食に六本は楽に食べてしまう。

ヘッドライトもない船は、夜間どこかの岸辺につけて泊まるのかと思ったら、昼夜ぶっ通しに進み六日目にして、イキトスに着いた。六日間の船旅中、一度としてパンにありつけず、トイレに行くたびにシリからバナナがでた。アマゾンの湿地帯の中で、突然高台になった河岸に、オアシスのようにイキトスの町が現われた。

河っぷちの村を通りこしてきたとき、子供たちがおもしろそうにハート型の木のカイで丸木舟を漕いで遊んでいた。子供たちの様子に、私はその丸木舟に乗ってアマゾンを下れたら、どんなに楽しい旅ができるだろうかと、空想にふけった。

そして、イキトスに上陸するころには他人まかせの船で下るよりは、せっかく、アマゾンにはいったのだから、私自身でちょっぴり冒険をしてみたくなった。私はきょうまで、河下りの経験はまったくない。しかし、単独登山では厳しいといわれたアコンカグアにしても、全精力を集中すると、十五時間で登攀できた。アフリカのケニヤ山にしても、猛獣におびやかされながらも踏みこんでみると、難なく切りぬけることができた。アマゾン下りも河口まで何千キロあるのかわからないが、きっと成功するだろうという自信を持てた。船長は、

「この本流には滝などはないし、人喰人種のインディオもいない」

といった。流れにまかせればきっと河口に出るに違いない。

私はイキトスの町のいちばん賑わう目ぬき通りのホテルに宿をとった。そしてまず、

アマゾン下りが本当に自分の力でできるものか。河下りの途中でペルーからブラジルにはいるための書類上の手続きをどうしてやるのか調べた。ブラジルにはいるビザは、町にあるブラジル領事館に二ドル支払うと、手続きは簡単に終わった。

## 〝緑の魔境〟アマゾン

私のアマゾン下りの夢は大きくふくらんできた。どうせやるならデッカク、上流からやってみようと決心した。ウカヤリ川をさけ、アマゾンの支流のマラニョン川の、さらに支流のウアリャガ川に目標をきめた。

こう決心して、イキトスから飛行機でコルディリェ・オリエンタル山脈の東の麓にあるユリマグアスにとんだ。イキトスをとびたつと、飛行機は、すぐジャングルの上をとぶ。眼下に見おろす景色は、まさに〝緑の魔境〟だ。樹海の中に、まるで一筆書きで墨を入れたように、アマゾンが蛇行し、いくつもの三日月湖や沼をつくっている。これを下るのかと思うと、戦慄《せんりつ》を覚え、

「ああ神様！　私をお助け下さい」

と祈らずにはおられなかった。上流に向かって飛行一時間。飛行機は、ジャングルにぶつかるのではないかとハラハラさせながら、目的地のユリマグアスに着陸した。

ここでの日常会話はスペイン語だが、私は四ヵ月もスペイン語に慣らされていたから、

少しはわかるようになっていた。原住民とジェスチャーをまじえながら話すと、けっこう意味が通じた。彼らは人なつっこくて、親切であった。

河岸でイカダの上に小屋を建て、水上生活をしている原住民に、アマゾン下りはどんなものかたずねてみた。そして、彼らが使っている丸木舟に試乗してみた。五メートルほどの木の真ん中をくりぬいた丸木舟だ。一本のハート型のカイで漕いでみると、実に気持よく進むが、非常に不安定である。まず、舟にのりこんだとたんに、重心を失って、舟は傾き、河の中に落ちてしまった。

「ムイ、マロ」（非常に悪い）

「慣れないものが、丸木舟でひとり下るのは非常に危険だ」

と、ずぶ濡れになった私を、隣のインディオが自分の舟にひき上げてくれた。アマゾンをいったいどこまで下るのかわからないが、河幅の広くなった河下では、大波にぶつかり転覆してしまうことがよくある。それに、河の中には無数の人喰いピラニアやカネーロなどがいるから、ひとりではむりだという。

丸木舟で下る夢の消えた私は、とぼとぼとホテルに帰ったが、この町には数人の日系人がいるというので、ホテルの主人に紹介してもらった。その人は三宅さんといい、若いころ、アマゾンで魚獲りの仕事をやった経験もあるという六十歳近い老人である。アマゾンとともに何十年も生活してきた三宅さんは、日本語よりスペイン語の方が得意なので、いささかとまどったが、それでも原住民と話すよりずっとわかりやすかった。

「ウステ（君）は冒険だとかいっているが、そんなことをして命をムダにしてはいけない」

と、三宅さんも原住民と同意見であった。そして、博物館とまではゆかないが、アマゾンに棲息する魚、動物の剝製《はくせい》を集めた館へつれてゆき、いろいろ説明してくれた。驚いたことには、この流れは、肉を好んで食べるピラニアやナマズのようなヌルヌルしたカネーロがたくさん棲む魔の河なのだ。

私は、その日はどうするか決心もつかずにホテルに帰った。こうして、目《ま》のあたりにアマゾンの恐ろしさを知らされると、逆に私の決心はいよいよ固まっていくのであった。丸木舟が不安定でダメなら、舟がひっくりかえらないように、丸木舟の両側に羽根をのばして安定性を強くすればいい。それとも、ドラム罐を組合わせて、河の流れにしたがって下るか。

夜、ノートの上に実際に四つのドラム罐を組合わせたイカダを作図してみた。これなら、どんな嵐がきても、安定性もあり、ひっくりかえる心配もなく絶対大丈夫だと自信を持ち、この計画を再び三宅さんに問いただしてみた。ところが、

「君！　ドラム罐なんぞで下るんなら、もっと安全なものがあるよ。原住民が水上で生活しているバルサだ。これならどうだ」

「バルサってなんですか？」

「君が河岸で見たろう。丸太を組んで、その上に家を建てているやつを……。日本流で

はなんというんだンベ……」

「バルサってイカダのことですか？」

「そうだ、イカダだ。これなら河岸の樹木にぶち当たっても、またあっちこっちの大渦巻にまきこまれても、休さえバルサにゆわえておけば、死ぬようなことはまずあるまい。もしドラム罐だと、勢いよく流れる河岸の倒木にぶち当たったり、岩に当たって穴があいて沈んでしまう。丸木舟に羽根をつけても、アマゾンの大波にかかってはひとたまりもなく毀《こわ》れてしまう。

冒険ちゅうもんは、わしにはよくわからないが、たとえイカダで下るにしても、ひとりでやるのは本当に危険だ。この大河を見てもわかるだろうが、丸木舟と違って、ドラム罐を自分の思うところに漕ぎつけることは、まず不可能だ。せっかくここまでやってきて、命を捨てることはないぞ」

私にはアマゾン下りの可能性がほとんどないように思われた。

「もし、三宅さんがイカダで下るなら、下りきる可能性は何パーセントぐらいありますか？」

「ウーン、わしはそんなバカな真似はせんよ。むかし、プカルパの上流を一週間ばかりで下ったことはあるが、河口までは下ったこともないし、何日かかるかも知らない。まあ、成功は五分五分だろうな。君がやるにしても、わしは責任は負えんぞ」

## バルサ完成

私はホテルに帰り、いったいどうしたらいいか迷った。地元に長く住みついている人から単独下降は危険であるという忠告を受けたいま、安全に下れる他人まかせの船で河口に出て、一刻も早く私のつぎの目標であるアラスカへのコースを辿《たど》った方がいいか。それとも、三宅さんの忠告を押切って単独下降を決行するべきか？

迷いに迷った。船で下っても、三十ドルとかからない安い船賃である。しかし、私にはその船賃を支払う余裕さえないのだ。

一晩考えてもなかなか決心がつかなかった。私は、決断をせまられた。

そんなとき、私はイキトスで知り合った松藤さんのことを思い出した。松藤さんはリマで衣類の縫製工場を経営するほか、ペルー・アンデスの鉱山を息子につがせ、松藤さん自身は耕作も不可能と思われるイキトスに困苦のすえ農場を開いたパイオニアなのだ。背は低く、一見ガンコ親父に見えるが、六十八歳とは思えないほど元気な人だ。ブラジルからはじめてペルーにコショウの栽培を試みたのも、松藤さんだ。みずから鍬《くわ》をとり、若者に負けず働いているその姿は、ゆき悩んでいる私を大いに元気づけてくれた。

私は初志を貫徹しようと決心した。山に登るときと同じように、全精力を傾けてことを成せば、たとえ厳しい河といえども、下れないことはないと思った。私はそう決心すると、もう完全にアマゾンの虜《とりこ》になってしまった。決心のつかないころは、恐怖がつきまとったが、いったん決心がつくと、私の心はおちついてきた。私は思った。決心したからにはたとえ座礁するとわかっていても、神風特攻隊のように、出撃あるのみだ。

さっそく準備にとりかかった。軍隊本部に行き、アマゾンの資料を集めた。途中でどんな困難に出くわすかわからない。そこで、軍隊にイカダ下降の証明書をつくってもらった。

計画は何日間かかるかわからない。河の流れにまかせてのイカダ下りに、主食となるバナナが食べられないようではと、バナナ料理の方法も覚えた。そして、ユリマグアスで、河岸に打上げられた家畜用のイカダを十五円で手に入れ、それを元にして人夫を二人雇い、存分に改良した。

八本の丸太をがんじょうな木の皮で結び、縦四メートル、横二・五メートルのバルサができた。その上にさらに丸太をおいて一段高い床をつくり、六本の杭を打ちこんで骨組みにし、ヤシの葉で屋根をふいた。後部には土を盛って炉までつくった。

私はイカダをつくるかたわら、ユリマグアスにある軍隊の駐屯所や、町役場、ポリスにかよった。軍隊の駐屯所長とポリスは、でき上がったイカダと私の所持品を調べにやってきた。彼らは、見たこともない私の登山の道具のガラクタに驚いた。おそらく私の所持品からピストルか鉄砲などの武器が出てくるものと思ったらしい。

一週間の滞在で、準備はととのった。食糧は毎朝、河岸で開かれるバザールで、青バナナ、干魚、干肉、オレンジ、塩、コーヒーなどを買いこんだ。一文の得にもならないアマゾン下りのためにわが身を危険にさらすのはどうも理解できないといっていた郡長も、とうとう河畔にある村の村長宛に、万が一の場合、協力するようにと手紙を書いてくれた。そして軍隊の駐屯所長も、武器を持っていない私に、オモチャのピストルでも十分威嚇《いかく》できるといって用意してくれた。

## 黒衣の尼僧アナ・マリア

一九六八年四月二十日、まだユリマグアスのいちばん鶏《どり》も鳴かない朝モヤの中を、町の人びとに送られて出発した。イカダは、音もなく流れに沿って下った。モヤの中に、ユリマグアスの町はたちまちにして消えていった。いよいよひとりぼっちのアマゾンの旅がはじまったのだ。

山登りとは違い、もういかにわめこうが、流れにさからって戻ることはできない。ただ前進あるのみだ。ついさっきまで見送ってくれた人影や人家まで視界から消え、両岸はジャングルに一変した。旅先の不安も忘れて、素っ裸でイカダの上に坐りこみ、洗面器で水をかぶった。太陽はギラギラと照りつけ、陸に上げられたカッパのように、私はぐったりし、とても水をかぶらないでは、いてもたってもいられない状態だ。軍隊から写しとった百万分の一の地図に地名はあるのに、視界には人家も人影もない。流木を拾い上げてマキにし、バナナを煮て食べるのも、私にははじめてのことだが、なんと楽しいことか。

私はこのイカダに「アナ・マリア」と命名した。その名の由来は、私がヨーロッパからアルゼンチンへわたるとき、恋してしまった同船のスペイン尼僧の思い出からつけたものだ。

その船の三等客室でフランス語を話すのは、彼女ひとりだった。毎日食卓をともにしながら、私たちはポツリポツリ話し合ったものだが、私にはそれがいちばんしあわせなひとときであった。彼女は私と同い年の二十七歳、宣教のためボリビアの辺地へ行くところだった。私は彼女に神の存在を強く説かれた。私より背は少し低いが、いつも黒い衣を頭からまとい、彫りの深い、色白の美しい肌をのぞかせているのが印象的だった。

彼女がサントスで下船する前夜、私は、

「アナ・マリア、本当に神を信ずれば願いをかなえてくれるのですね。私はあなたにお会いしてから、心からあなたを好きになりました」

といって、彼女の手を握ろうとしたところ、

「ダメです。私たちは神の前でひとりの人間だけを愛することは罪なのです。人間みな平等に愛さなければなりません。あなたの幸福を祈っています。つらいときは私の名を呼びなさい。神が守ってくれます」

と青い瞳に涙を輝かせながら首を横に振った。こんな思い出から、わがアマゾン下り

のイカダは彼女の名前をとって名づけたのだ。

漕ぐこともなく、自然に動くイカダに、前途の恐ろしさも忘れて小躍りした。河面にたちこめる朝モヤは、日の出とともに澄みきった青空に変わり、太陽が昇るにつれて、焼けつくような暑さとなる。

河は蛇行し、流れは岸をえぐり、ジャングルの巨木をも倒すかと思われるすごい勢いで流れている。岸にぶつからないように、やっと河の真ん中に流しこんだイカダも、ひと吹きの風に吹き流された。

水深のわからない無気味な濁流に、いくら暑くてもとびこむことができず、洗面器で水を汲んで汗を流すのが日課だった。夜は村落の河岸に止めたイカダの中にカヤをつって寝たり、河辺に張り出している高床の原住民の家に泊めてもらった。

私はいまイカダという、一国の王様なのだ。イカダの前部の床の上に腰掛け、過去の山登りのことなどあれこれと思い出にひたっているだけでいいのだ。ただ、夜の寝場所をどこにしようかを考えればよかった。日中はあまりにも直射日光がきついので、流木を拾い集めて、イカダの前部に組合わせた木の枝にポンチョをかけて日よけをつくり、昼寝した。

しかし、そんな平穏無事なことばかりは続かなかった。災難は毎日のように起こった。カイを折ったり、大切な唯一の武器であるナイフを河の中へ落としたり、炊事用の道具を失ったりした。

## 危うくピラニアの餌食に

　ユリマグアスを出発して二日目、私のちょっとした油断から、刃わたり五十センチ以上もある大型ナイフを河へ落としてしまった。平地のつもりで丸太の上に置いたところが、ナイフはアッという間に丸太の隙間《すきま》から濁水の中に消えていってしまった。

　その日は、まったくツイていなかった。午後三時ごろに昼食を遅らせて、バナナを煮ていたときだ。河面に一陣の突風が起こり、イカダはみるみるうちに急流に巻きこまれてしまい、流木にぶち当たってしまったのだ。まったく一瞬のできごとだ。その衝撃で、炊事していた食器類はことごとく濁流の中に消えてしまった。食器だけでなく、私自身まで危うくピラニアの餌食《えじき》になるところだった。幸いにも洗面器だけが残った。その洗面器はナベに使ったり、皿になったり、また体を流すタライにもなった。飲料水は濁った河水を煮沸して飲んでいたが、ヤカンもなくなったので、とうとう濁水をそのまま飲むようになった。

　なんといっても、恐ろしいのは夜であった。星空、月夜は恍惚《こうこつ》とするほどきれいだったが、ひと叩きすれば二、三匹とれるほどの蚊の大群には悩まされた。カヤをつっても、木の隙間のどこからともなく侵入してくるのだ。耳や口の中まで入りこんでくる。はじめのころは、そのために不眠の運航だったが、次第に慣れると、疲れからうたたねするようになった。

夜中、ゴトンという音に驚いてとび起きると、イカダは岸辺の倒木にひっかかっていたり、アマゾンにめっぽう多い洲《す》や島に打ちあげられたりすることがしばしばで、そのたびにキモを冷やした。

夜の運航を慰めてくれたのは、星空と月だ。降るような星の光は、ジーンと胸にしみとおった。月は河面を白く照らし、ランプなしで十分、日記が書けた。

楽しい日も多かった。日中は腰をおろし、釣糸を垂れると、すぐ魚が釣れた。名前のわからないサバのような大きい魚やピラニアなど、いままで食べたことのない魚を料理して食べるのも、また楽しいものだった。

ときおり、丸木舟に乗って現われるインディオに会って、四方山《よもやま》話をするのも楽しみである。イカダからおりなくても、彼らの方からイカダに近よってきて、バナナやオレンジを売ってくれた。十ソレス(百円)も出すと、手に持ちきれないほどたくさんの、もぎたてのバナナやオレンジをくれた。彼らは、顔立ちがわれわれ日本人とよく似ていて、なにか親近感がもてた。

出発して十二日目の五月一日のことであったろうか。夜明けとともにナウタを出発、もうイキトスが目前であった。下ってきたマラニョン川はウカヤリ川と合流し、イカダは、海のような大河におどり出た。河幅は二キロ以上ある。

## イキトスの娘

その日の午後、本流から離れて小島の左側に入った。インディオの若い娘さんが鼻歌をうたいながら、素っ裸で洗濯しているのに出会った。彼女は私を見て、あわてて洗濯もので胸をかくした。

「こんにちは、セニョリータ」

と声をかけると、なかば恐怖の目で私を見ている。

イカダが一〇メートルほど川下に流れたとき、彼女はこんどはニッコリ笑いかけてきた。

「アディオス、美しいセニョリータ」

と、手をふると、恥ずかしそうに左手で胸を押え、右手を振って私の挨拶に応えてくれた。彼女の笑顔で連日の疲れがいっぺんにふっとんだ。

ユリマグアスを出港して十四日目、無事にイキトスに流れ着いた。私はイキトスでひと休みすることにした。まず第一に、イカダを修繕しなければならなかった。丸太を結ぶ木の皮のヒモをすべて針金にとりかえた。また役所で、ブラジル入りの入国査証とアマゾン通行許可証の手続きをした。私の単独イカダ下りに力を貸して下さった松藤さんが、またいっさいをとりはからってくれた。

準備万端整え、イキトスを出発したのは、五月十一日であった。私は一日前に出発する予定であったが、松藤さんは十一日という日は「士」という日にあたり、〝武士は勇断、いかなる困難にもくじけないでやりぬけるエンギのよい日〟であるという意見で、一日遅らしたのだ。

イキトスを出ると、エクアドルとコロンビアからの支流が一緒になり、河幅はさらにひろがり、五キロ以上にもなった。河の中には大小無数の島が点在し、どことなしにイカダは気ままに流され、海のような広いところを行ったり、島と島との間のやっと通れるぐらいのところに入りこんだりした。河岸の景色は、ユリマグアスを出発してからと同じように、まったくのジャングルで、ただ、河幅が広くなるだけだった。あまり広々としているので、本流からはずれてしまうこともあった。

イキトスの図書館でブラジルの河口までのアマゾンの二百万分の一の地図を写しとった。二十四時間ぶっ通しで下っても、地図の上では一センチほどしか移動していない。

イキトス出港後、八日目の五月十八日、ブラジル領ベンジャミン・コンスタンに入った。ペルーとの国境であり、対岸はコロンビア領だ。ここで正式な入国許可証を受け、さらにマナウスまでの地図を図書館で写しとって、またイカダの旅に出た。

河幅はますます広くなり、もう自由にイカダを岸に着けられなくなり〝あなたまかせ〟の河まかせで、昼夜ぶっ通しに流した。

安く手に入ったバナナも、もう手に入らなくなって、かわってサツマイモのような形をしたマンジョーカイチ（たろ芋）が主食になった。釣り上げたピラニアを煮て、マンジョーカをつぶした粉とスープが定食になった。

**神さま、どうぞお助け下さい**

毎日、スコールがやってきた。東の空が真っ暗になったかと思うと、十分もたたないうちに、ジャングルの中から、ゴーという無気味な音がし、突風をともなった横なぐりの大雨が襲ってくるのだ。河は荒れ狂い、二メートル余の高波が押しよせてくる。イカダはまるで木の葉のように波間にただよい、荷物は全部イカダにゆわえておかないと、河に投出されてしまう。足のないイカダは身動きもできない。寝床に雨が入らないように、入口をポンチョで防ごうとしたが、まだヒモを結び終わらないうちに、突風で体が吹きとばされそうになり、やっと屋根をつかんで屋根の下にもぐりこんだ。体が上下左右にゆれ、四十五度も傾く。丸太がきしみ、丸太をゆわえつけた針金がちぎれそうになる。

私は地獄のドン底にでもつき落とされたような恐怖におびえ、支柱にしがみつきながら思わず、

「ああ、神さま……！」

と祈りつづけた。

アナ・マリア、おれと一緒に祈ってくれ、君のいうことなら、神さまも聞き届けてくれるだろう。ふっとサントスで別れた尼僧のアナ・マリアのいった言葉を思い浮かべるのだった。

嵐は一時間とは続かなかったが、過ぎ去ると、私はもう神さまのことなど、ケロリと忘れてしまった。

イカダの上の荷物や道具は、みなヒモで結んであったから無事であった。その無事を祝って、コーヒーをわかして飲んだ。

これまでの私の、山を舞台にした自然との苦闘と違い、アマゾンへの挑戦には、恐ろしい中にも別なスリルの味わいがあった。つね日ごろ、宗教心などひとかけらもない私が、とにかく真剣に神に祈ったのだから不思議なものだ。

しかし、自分の力で切りぬけられるときには、祈るよりは立ち向かうべきことを学んだ。

それはある夕暮れ、盗賊のような二人組と接触したときだった。河岸をノンビリと走っていたとき、二人のボロシャツを着た若い男が、洲の中から、丸木舟にのって、声もかけずに近よってきた。いつもなら陽気なインディオだが、この二人は口をきこうともしない。それどころか、目つきが違う。こちらが目を向けると、視線をそらす。相手の出方をうかがっていると、かれらは私のイカダをぐるぐるとまわりながら、スキを狙《ねら》っているようであった。こっちへ五メートルぐらいに近よってきた。彼らの腰のそれぞれ大きなマチェーテ（蛮刀）が目にはいった。丸木舟の中には三メートルほどの棒も持っていた。

「盗賊！」

と私は殺気を感じた。ときたま、私の舟の小屋の中をのぞいている。エンジンのない私のイカダは逃げようにも逃げられない。

丸木舟は二人で漕ぐと時速二十キロ以上の速度も出る。まるで私はオリの中の動物どうぜんだ。私は全身に血が走るのを覚えた。何か言い出そうとしても、声が出ない。数十分が過ぎた。ようやく心に落ちつきを取戻してきた。私はまた神に祈り、心の中でアナ・マリアを呼んだ。弱気はいけない。しかし、彼ら二人と闘っても、二対一で私の方が分が悪いが、よく考えてみると、彼らの丸木舟は、舟足は速いが不安定だ。それに比べ私のイカダは舟足はおそいが、イカダの上で少しばかり走りまわっても、びくともしない。私もイカダの横に、三メートルほどの竹竿を持っている。それに彼らが持っているのと同じマチェーテをイキトスで仕入れて、持っていた。

オモチャのピストルもあるが、それはあいにくシュラフの中だ。出すヒマがない。

彼らは次第に近づいてきた。私は、素早くマチェーテを小屋からとり出し、左手にカイを握り、仁王立ちになって二人をにらみつけた。身をひるがえすように二人は、私のイカダから離れ、ついにカイを漕いで上流へ逃げ去ってしまったのだ。恐ろしい無言の対決であった。

## 六十日目ついに河口へ

六月三日、マナウスに到着。日本領事館の広瀬副領事に招かれ、しばらくぶりに日本食に舌つづみをうった。バナナ、マンジョーカ料理にあきあきしていただけに、寿司をこのときほどおいしく思ったことはなかった。

ペルー大使館に無事ブラジルに入ったことを伝え、再び後半のアマゾン下りの旅に出た。もう河は河幅が二十キロにもおよぶと、湖であるか、河であるのか、その区別がわからなくなる。島をぬけると行く手にはまったく陸地が見えず、水平線となって遠望された。そして、波も一段と高くなってきた。

あまりにも河の幅が広大なので、河が流れているのかどうかすらもわからない。そしてイカダもどちらを向いて進んでいるのかわからないほどだ。しかし、河水の色を見て進行の安全を知ることができた。つまり水面が褐色だと、流れている証拠なのである。湖や、洲になったところにじっと動かないでいる水は透明であった。だから、私はいつも朝、目がさめると、すぐに水の色を見るのが日課で、水が濁っていれば安心するのだった。

河口近くにやってくると、河幅は広くなって無数の島々が現われてくる。はじめは河口のベレムめがけてゆく予定であったが、河の流れがないため、対岸のマカパの町に変更した。大洋のような河の中で、私はマカパへ寄せるようにイカダを操作した。河口には九州より少し大きいマラジョ島などもあり、まかりまちがえば、どこに出るかわからない状態であったが、河口近くでは東から吹きよせる貿易風があるから、ポンチョの両側に木の棒をつけて帆がわりにして、マカパに漕ぎ寄せた。上流から流れてくる草の浮島や、流木をつかまえては風に吹き流されないように苦闘した。河口近くになってから、安全を考え夜間の運航をやめ、ようやく終着地マカパの岸辺にわがアナ・マリア号を横づけしたのは六月二十日、ユリマグアスを出て六十日ぶりである。恐怖におののいた六十日間のアマゾン下りを、私はとうとうやってのけたのだ。マカパに着くと、アマゾンに移民してきている藤島さんをはじめ、多くの日系人の方々の歓迎を受けた。

だが、私は、明大の先輩の大塚博美さんから非常に悲しいニュースを受け取った。山岳部で苦しみも喜びもわかちあってきた同僚の小林君が交通事故で亡くなったという知らせであった。小林君とは、ゴジュンバ・カンの遠征で別れたきりであったが、私のことどの旅のことをいちばん先に聞いてもらいたいヤツだったのに……。私がリマからアマゾンにはいる前に彼の手紙を受け取ったが、それが最後の便りであった。それには、「大塚さんの仲人で結婚した。アマゾンに入るとか聞いたが、山ならまだしも、アマゾン河下りなどという危険な冒険はするな」と親切に書き送ってくれたヤツだった。私にとっては、まったく今もって信じられない彼の最期であった。

そのあと私はすぐ、持ち金を全部はたいてマカパからベレムに入り、すぐアメリカへとんだ。マイアミ経由でカリフォルニアの農場に入った。

四年ぶりのカリフォルニアの農場、こんどはイミグレーションに見つからないよう、メキシコ人と働くのをさけ、もぎとった果樹を選別するパッキング工場で、特別に働かしてもらった。そして、一ヵ月間働いた。三百ドル稼ぎ、マッキンリーのあるアラスカへ向かった。

マッキンリー単独登頂を試みようというのだ。しかし、四人以下の登山は禁止するという国立公園の規則があり、私は許可をもらえなかった。しばらくアンカレジのレストランでアルバイトをしてねばったが、結局ＯＫは出なかった。

そうかといって、アラスカにきて、どこにも登らず帰るのも残念至極なので、アラスカ東部のランゲル山脈にあるサンフォード山（四九五二メートル）に目標を変更し、入山して十四日目（九月十四日）、新雪におおわれた氷の頂に立った。

そして、十月一日、世界の山旅を終えて、四年五ヵ月ぶりに、なつかしの日本へ帰ってきたのだ。その後、私を待っていたものはまったく予期しなかったエベレストであった。

# 王者エベレスト

## 第一次偵察隊

四年五ヵ月ぶりに帰国した日本は懐しかった。東京の狭い道路をぬって走る自動車や満員電車。ほとんど話すことのなかった母国語も、いまは自由にしゃべれる。アボリアのスキー場で働いているときは、日本人と思って話しかけたらベトナム人であったり、また韓国人であったりしたが、もう間違えることはない。

都心には高速道路が縦横に走りまわり、めまぐるしい東京に、私はしばしばとまどいを感じた。五年近くのブランクのある私は、もう生存競争の激しい日本の社会には、ついていけないような気がしてならなかった。旅から帰ってきて、すぐ仕事につく気にもなれず、私は再び南米にでも旅にでることを考えた。しかし、金などあろうはずはなかった。旅から帰ってから、その日の生活費にも追われる状態であった。資金づくりに夜の八時から翌朝八時まで、まる十二時間徹夜の重労働と日中の睡眠不足。登山準備のための厳しい日課であった。

しかし、資金もでき、いよいよ日程も決める段階になったとき、四月も中旬のころ、突然日本山岳会からエベレスト遠征の話が舞いこんだ。日本山岳会では、世界の登山隊がまだ一度も取組んだことのない、エベレスト南壁からの登頂を計画していた。山に賭けて四年半。世界最高峰のエベレスト遠征隊への参加なら私にとっては願ってもないことだった。外国登山隊の入国を禁止していたネパール政府は、一九六九年の春、ついに入国禁止令を解除した。

日本山岳会は、藤田佳宏を隊長に、菅沢豊蔵と私、それに毎日新聞社の相沢裕文の四名を第一次偵察隊として編成し、一九六九年四月二十三日、偵察隊はカトマンズに向かって出発した。ヒマラヤでは登山期もそろそろ終わりに近づき、インド洋にはモンスーンがやってきていた。

五月十八日、シェルパ六名、ポーター八十名の大キャラバンは、クンブ氷河の奥にベースキャンプを設営した。われわれ第一次偵察隊の目的は、アイスフォールを登り、ウエスタン・クームに入ってまだ足跡のない南壁を偵察しようというのだ。

登山シーズンも終わりに近づいていたため、ベースキャンプ入りしてから、休む暇もなく、アイスフォールにとりついた。五三六〇メートルのベースキャンプから六一〇〇メートルのウエスタン・クームの入口まで、約七〇〇メートルの高度差の氷の滝が、クンブ氷河に崩壊しており、丸ビルほどの巨大なブロックに埋めつくされている。まさに氷の世界だ。ルートなど、どこにも見いだせそうにもない。

アイスフォールの五七〇〇メートルの凹地に、中継キャンプを設営。アイスフォール上部の最後のクレバスの氷壁を登りきり、六一〇〇メートルのウエスタン・クームの入口に出るまで、ほぼ一週間もかかった。

ヌプツェとエベレストにはさまれたウエスタン・クーム氷河の奥に、八五一一メートルのノコギリの歯のようなローツェ峰と八〇〇〇メートルのサウス・コルが手にとるように見える。われわれが目ざす南壁は、西稜のかげになってまだ見えない。

第一キャンプに入った相沢隊員と私、シェルパ二名は、翌日さらにウエスタン・クームの中にルートを切り開き、幅五〇メートル以上もある大クレバスをジグザグに登り、ヌプツェ寄りに出たとき、はじめて南壁が顔を出した。

南壁は西稜と東南稜の間に、頂上から垂直に、ウエスタン・クーム氷河に落ちこんでいる岩壁だ。正確に言えば南西壁である。

われわれははじめて見る南壁に驚きながら、さらにウエスタン・クームを登って行った。登るにしたがい南壁の全容が現われた。標高六三〇〇メートル、クレバス帯をぬけた地点から、大型の双眼鏡で、南壁をつぶさに観察した。

壁は三つにわけられる。ウエスタン・クームの氷河のベルクシュルントが横に走り、そこから七〇〇〇メートルまでは三十五度から四十度の氷の壁だ。蒼氷が太陽を浴びてギラギラ光っている。七〇〇〇メートルから八〇〇〇メートルまでは、岩と氷の壁だ。傾斜は下部より、さらに急になっている。そして、最後の壁八〇〇〇メートルから上は、雪ひとつないような黒い垂直に近い壁になっている。その上部では褐色のイエローバンドが横に走っている。高度差二五〇〇メートル。あまりの高さに対照するものもない。

はじめてエベレストに入り、わずか一週間という短時間であったが、六三〇〇メートル近くまで登り、目的の南壁登攀ルートの可能性をいちおう見きわめられたから、まずは、上々の成果であった。

## 第二次偵察隊

第一次偵察隊に続き、第二次偵察隊が出発したのは二ヵ月後の八月二十日であった。宮下秀樹氏を隊長に、田辺寿・中島寛・大森薫雄・小西政継・佐藤之敏・井上治郎に私、報道関係から佐藤茂・木村勝久（毎日新聞）、野口篤太郎・白井久夫（NHK）の十二名と、第一次偵察隊に比べ大規模となった。第二次偵察隊の目標は、明一九七〇年春の本番に備えての現地偵察であった。

第一次のときと同じように、カトマンズからルクラの飛行場へとんだ。私は高度順化しながら、他の隊員より一足先に、九十人のポーターと一緒に九月十三日、最後のキャラバンを終えて、ゴラクシェプからクンブ氷河をつめて春のキャンプサイトにベースキャンプを設営した。モンスーン中の積雪で、アイスフォールは、前回の偵察のときと変わり、アイスブロック帯は雪に埋まっていた。ベースキャンプは、クンブ氷河の上部、アイスフォールの取付点に近い。

氷の上に堆積した石を積み重ねて石の壁をつくり、シートを屋根にかぶせた。登攀具の木箱を並べて食堂もつくった。炉を囲みシェルパたちと語り明かすのも楽しかった。高度順化を終え、ベースキャンプに入った宮下隊長以下みんな元気であった。まだ完全にモンスーンはあけておらず、毎朝小雪が舞っていた。夜になるとエベレストにぶち当たる風の音が、ゴーゴーとベースキャンプにまで響いてきた。ベースのすぐ裏にあるプモリの側壁からの氷塊や、ロー・ラのハンギング氷河からの巨大な氷のナダレが身をふるえ上がらせた。その合間をぬってアイスフォールのブロックの崩壊の音が、間断なく聞こえてくる。

ベースキャンプに入って一週間日、アイスフォールにとりついた。新雪をかぶったアイスフォールは、小さいクレバスを埋めていた。気温は前のときよりずっと低かったが、難なくアイスフォールを突破し、第一キャンプを建設した。第一次偵察のときは、わずか一日の偵察でひきあげたが、第二次偵察隊は、南壁の下にキャンプを置き、さらに上部にキャンプを設営するので、二十数名のシェルパをフルに活用した。いままでのベースキャンプから、さらに上の南壁の直下、六六〇〇メートルのウエスタン・クーム氷河の上に南壁の前進《アドバンス》キャンプを建設した。

今日まで何百人ものアルピニストがエベレストに入っているが、この南壁は、誰ひとりとして挑戦していない壁なのだ。

その南壁に、偵察のためとはいえ、参加できることは満足であった。左手にアイスメス（鋼鉄製の鋭利な尖端をつけた氷壁登攀用具）をにぎり、右手にピッケルを持ち、十二本ツメのアイゼンの前部につき出た二本のツァッケ（ツメ）に身を乗せ一歩一歩のぼっていく。四〇メートルごとに、スクリューハーケンやコ型ハーケンを、あたかも大工仕事のように蒼氷に打ちこみ、ザイルを固定する。南壁七〇〇〇メートルに突起した岩を軍艦岩と名づけ、その基部に第三キャンプを建設した。ルートは南壁に入ると大きな氷の斜面となった。

十月の一ヵ月というものは、攻撃を南壁一本にしぼり、毎日交代でルート工作に専心した。十月末、上部岩壁に走るルンゼの終点、八〇〇〇メートルの高度まで登りつめ、ザイルを固定した。ルンゼの上部は岩壁となり、その壁は雪もつかないほど垂直にそそりたっていた。気温は氷点下三十度にも下がり、ガスにつつまれると、風雪が狂ったように舞い上がり、南壁は悪魔の顔を見せはじめた。酸素が切れると、手足から血の気がうせ、しびれたように痛みだす。八〇〇〇メートルの高度は、私にとってはじめての経験だ。ゴジュンバ・カンの頂が七六四六メートルだから、この高度はいっそうはげしく感じられた。

小西さんとザイルを組んでいた私たちパーティーは、南壁上部から八八〇メートルを残し、キャンプにひきあげた。私たちに続いて中島さんと佐藤（之敏）さんが登った。偵察とはいえ、未踏の南壁を八〇〇〇メートルまでの高度に達した。八〇〇〇メートルは、私にとってははじめてで、エベレスト南壁の魅力にとりつかれてしまった。

## 越冬はたのし

第二次偵察隊は、井上と私を残して日本へ帰っていった。私たち二人は明年本隊がくるまでの、いろいろな受入れ準備のため越冬した。井上はエベレストの山麓、ペリチェをベースにして、気象観測や氷河の調査などの気象関係を担当した。

私の担当は、本隊のシェルパとポーターの確保、クレバス用の丸太や食糧などの購入。それにシェルパのトレーニング、南壁の観察などであった。私の越冬地は、シェルパの村、三八〇〇メートルのクムジュンにした。

十一月下旬、帰国する隊員を見送ってカトマンズに行った。その後、私たちはそれぞれ、すぐ越冬地に入った。私は、ゴジュンバ・カンの頂上に一緒に登頂したペンバ・テンジンの家に泊まった。ペンバ・テンジンはポカラにトレッカーガイド（山麓の案内）に出ていて留守であったが、隣に住む弟のカミパサンと、丸太買いに出かけたり、ナムチェ、ディンボチェ、クンデなどの村々に出かけ、丈夫なシェルパの確保に努めた。

私の越冬生活には、本隊の受入れ準備とともに、私自身の目標を持っていた。私自身の目標というのは四〇〇〇メートル近い高度で生活し、私の体を高度に順応させることと、トレーニングすることにあった。

ペンバ・テンジンの家で越冬する間、毎朝六時半に起床し、クムジュンからナムチェ・バザールの上を通り、クンデを経て帰ってくる六、七キロの山道のコースをマラソンした。起伏の多いこの山道を走り、自分の体を本番のエベレスト登頂にそなえて鍛えるためであった。朝六時半、目覚し時計が鳴る。ペンバの奥さんは、地酒のチャンを私のために炉であたため、

「チソ……デリラムロ」（寒いときはいいですよ）

といって、茶わん一杯を飲ましてくれるのだった。

胃袋があたたまったところで、登山靴をはき、トレーニングに出かけるのだ。最初は重い登山靴で五〇〇メートルも走ると、息がきれ、心臓が止まりそうになったが、日に日に距離が伸びていった。走る途中峠に出ると、エベレストの南壁が見えた。苦しく、辛いときは、いつも黒々とクンブの奥にそそり立つエベレストを見て、自分を励ますのだった。

私はエベレストの頂を、どうしても自分のものにしたい。各大陸の最高峰に立ってきた私にとって、エベレストはなんとしてもきわめたい頂上だった。

トレーニングを終わって家へ帰ると、ペンバの奥さんは、またチャンを飲ましてくれるのだ。そしてペンバの奥さんと五人の子供と一緒に食事をとる。朝は、いつもジャガイモを切りこんで、トウガラシと塩で味つけした辛い汁とツァンパだ。昼はトウモロコシを炒《い》ったものを食べたり、ジャガイモをゆでたものなどを、トウガラシやサンショウをつけて食べた。夜は、たいていジャガイモ、ツァンパであった。

東方からやってきたといわれるシェルパ族は、ネパールでも山岳地帯に住み、顔は日本人によく似た民族である。彼らの宗教はラマ教である。朝早くからズド・コシの谷をはさんだ対岸のタンボチェ寺院《ゴンパ》から鐘の音が聞こえてくる。

私がペンバの家にいる間、クムジュンや隣村のクンデの村長たちに招かれることがあった。また、村の有力者や顔見知りのシェルパたちも、私をよく迎えにきてくれた。招かれても行かないようなことがあると、

「あの家に行って、うちにきてくれない」

と、イヤミをいう。

たとえ村長といえども、やたらと招かれるのにはまいった。招かれて行くと、まず炉のそばの長椅子に坐らせ、地酒のチャンをすすめる。

「私は飲めないから」

といっても通じない。

「シェー、シェー」

と強くすすめられる。しかたなく一杯のむと、これまた、二回、三回とついで、むりやりに飲まされるのだ。

ようやく食事になる。ジャガイモをすりこみ、ツァンパを少しまぜてスレートの上で焼いたロティを出してくれる。ホットドッグ五枚分ぐらいの大きなものだ。この上にヤクのギー（バター）を乗せて岩塩とトウガラシを押しつぶした粉をふりかけてスープと

一緒に食べる。ギーのにおいとトウガラシの辛みで、はじめはノドを通らないが、我慢して飲みこむ。

「ラムロ？」(うまいか)

と、たずねる。せっかく招いてくれたのだからまずいともいえず、

「ラムロだ」

と答えると、また、焼き出す。彼らの親切心はありがたいが、まったく閉口する。

越冬中、私がいちばん困ったことは、彼らの家にトイレがないことだ。シェルパの家すべてではないが、大部分の家にない。もしあっても、家の前の畑の中に、二本、棒が立っているだけだ。ペンバの家も、下が牛小屋で、二階が住居になっている。石を積み重ね土壁をぬり、屋根は木を割った板がとばないように石をゴロゴロと乗せてある。彼らの家は一間だけだ。家の中には、食器棚に水ガメと、食器、皿が十枚ばかり、家の隅に木箱があるだけである。家族のものはイロリのそばにヤクの毛皮や、羊の毛布をかぶって寝る。

彼らの村には、もちろん車があるわけはない。カトマンズに出るのに十日もかかって峠を越えなければならない。彼らは氷河のすぐ近くの高いところに住み、牛やヤクを放牧して生活している。若い男たちはカトマンズに出稼ぎに出たり、山のガイドになって生計をたてている。

ペンバ・テンジンも、女房、子供を家に置き、出稼ぎに出て帰ってこない。彼はヤク

を七頭飼っているが、その面倒をみるのは十歳になる長女の役目だ。八歳と五歳の二人の子供は、早朝から、カゴを背負って、裏山に燃料用のヤクのフンを拾いに出かける。ペンバの家で働かないのは、まだ一歳になったばかりの子供と三歳の子供の二人だけだ。

クムジュンには、史上最初のエベレスト登頂者の、ヒラリーが開いた学校があるが、村の子供の半分も学校に通っていない。

私が越冬している間、若いシェルパたちが、毎日用事もないのによく遊びにくる。女は誰でも美しくなりたいという気持があるのだろう。若い女たちにイヤリング用の真珠の玉をやったり、マジックインキで彼女たちにマニキュアをしてやると、非常に喜んだ。私は日本を出る前、御徒町のおもちゃ屋で、色入りのガラスのブローチや、人造真珠などを買って持っていた。それを彼女たちにやったのだ。

## サウス・コルへ

一九七〇年二月、もう少しノンビリとクムジュンで過ごしたかったが、日本山岳会エベレスト登山隊の本隊が、もうすぐカトマンズに入る。その受入れ準備のため、クムジュンにそんなにとどまっていることはできなかった。

先発隊に続いて、大塚博美登攀隊長以下、計三十七名が二月十六日、空路カトマンズに到着。松方三郎隊長と中島寛氏が一足おくれてカトマンズに到着した。

二月十九日、雨の中、トラックとバスを連ねて、長い長いキャラバンの途についた。ベースキャンプに入ったのは、カトマンズを出発して一ヵ月余過ぎた三月二十三日だった。私にとっては三回目のキャンプ地である氷河の上に、隊員三十九名、シェルパ六十余名、総勢百名を越す、日本・ネパールの大部隊のテント村が建設された。

三月二十四日、アイスフォールのルート工作を開始した。アイスフォールは氷河の動

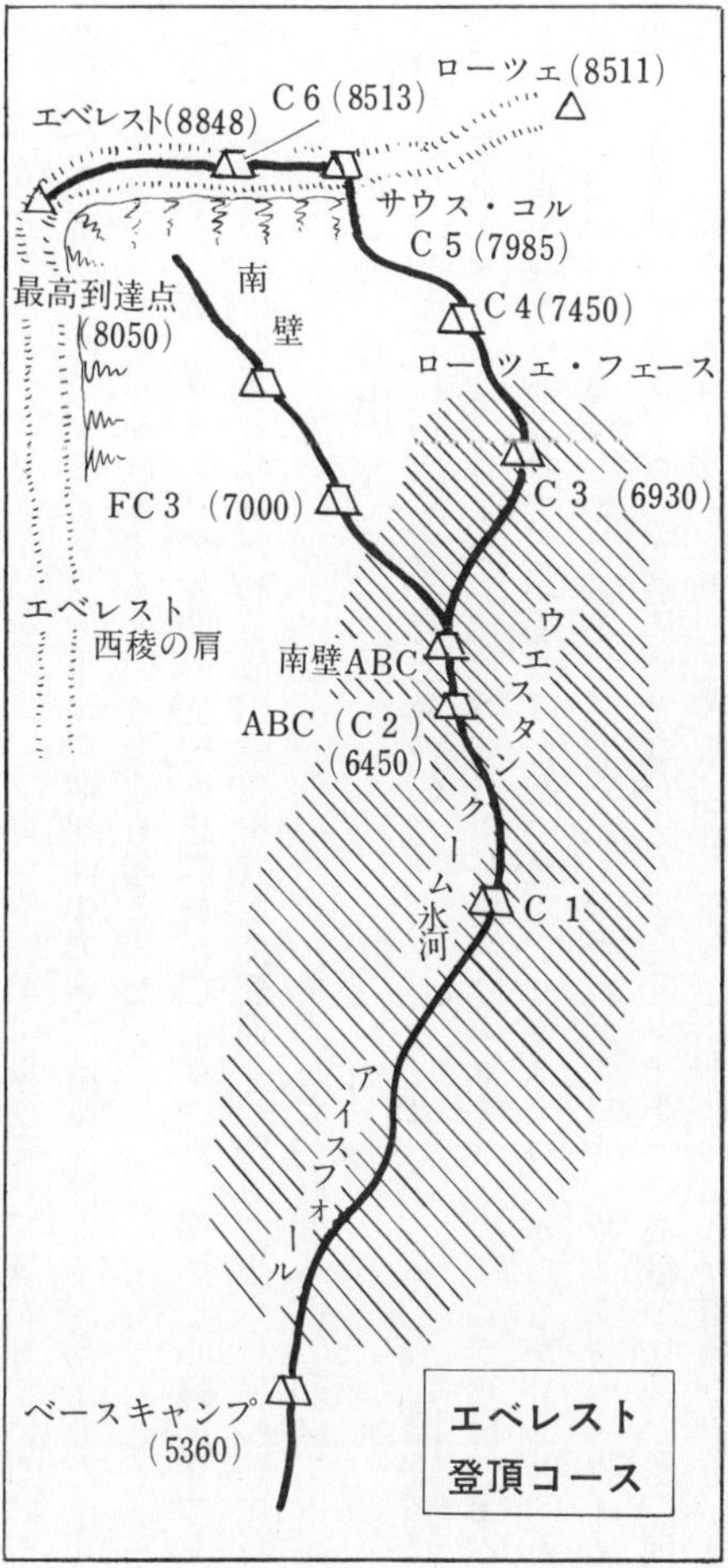

きがはげしく無数のクレバスが口を開き、ブロック崩壊は昼夜轟音を響かせている。百人を越す大部隊なので、アイスフォールの荷揚げ中の事故は絶え間なく、落下した氷片が、ひとりのシェルパを直撃するという事故も起こった。

そんなとき、第一キャンプで仲間の成田潔思隊員が亡くなった。突然の心臓マヒであった。テントの中にひとり横たわる成田隊員を残して前進し、四月二十八日、ついにローツェ・フェースに、九〇〇メートルばかりのザイルを固定し、高度八〇〇〇メートルのサウス・コルに達した。

サウス・コルからは頂上がもう目と鼻の先だ。頂上まで八五〇メートルの高度差だ。エベレスト、ヌプツェ、ローツェにはさまれた谷底のウエスタン・クームからは、エベレストの頂も見上げるだけで首が痛むほどだったが、サウス・コルからながめると、たった一日でかけ登れるほどのところに感じられた。ただ風だけが、ウエスタン・クームから吹き上げ、サウス・コルが通風路となり、八〇〇〇メートルの高度といえども、河原のような岩のガラ場は雪が吹きとばされ、雪の降らない平地のような岩場をのぞかせていた。サウス・コルにルート工作を完了したところで、休養とアタック体制に入るため、全員ベースキャンプに下った。

### 第一次アタック隊に

五月三日、サウス・コルのルート工作を終え、夕方、ベースキャンプで休養をとっているときのことだ。登攀隊長が突然発表した。

「第一次アタックメンバーとして松浦と植村を決定しました」

私は瞬間、胸が高鳴りし、顔は紅潮、うれしさを押えるのに精いっぱいであった。みんな頂上に行きたいのに、人の先にたち、エベレストの頂に立つということは、私にとって、このうえもなくうれしい反面、心苦しかった。ストーブのそばに陣どっていた松浦輝夫氏も、私以上に興奮しているようだ。眼鏡の中から、ぐっと興奮をこらえている様子がわかった。さすがこの夜は、あまりのうれしさで寝られなかった。そして、好天に恵まれるよう神に祈り、このチャンスはもう二度とこない、何がなんでも頂上を勝ちとらなければならないと思った。気象班の予報は、エベレスト上空の気流は十一、二日ころが弱く、アタックには最適ということだった。

松浦氏と私は、ベースキャンプから、アタックのためひとつひとつキャンプを前進していった。五月九日、二人の隊員と、数名のシェルパのサポートを受けて、ザイルを伝ってローツェ・フェースを登り、ジュネバスパーの岩稜を横切ってサウス・コルに出た。広々としたエベレストとローツェにはさまれた河原のような鞍部である。風がビューと吹きぬけ、テントを張るとバタバタとはためき、酸素マスクをつけての八〇〇〇メートル上の行動は、体の自由がきかず、作業ははかどらない。一時間近くかかって、やっと氷と違った岩のごろごろした上に、六人用のテント二張りを張った。松浦氏と私のほかに、河野隊員とシェルパ五名が入った。酸素は毎分三リットル吸ったが、とりはずすと、息切れして、苦しく、体全体から力がぬけてゆく感じだ。

風がテントをバタバタさせ、テントの中でも声が打消されるのであった。テントに入り、シュラフの中でじっとくつろいでいる間、サポート隊はわれわれのために、氷をとかし、紅茶をつくり、リンゴ汁をあたためてくれる。自分たちの疲れをおさえてやってくれる骨身をおしまぬ河野隊員に頭が下がった。私はこのアタックを自分のものとして考えているが、これはあくまで個人のものでなく、隊全体、日本山岳会全体のものであるのだ。単に自分がアタックするのだと喜んで利己的になった自分の考えが間違っていたのだ。シェルパの遭難、成田隊員の死亡、これらの人々の分も、この登山を成功させなければならない使命は、すべてわれわれが背負っているのだ。われわれは自分のためではなしに、隊のためにやらねばならぬのだ。

明日はいよいよサウス・コルから最終キャンプの建設に登らなければならないというのに、風はいっこうにやむ様子を見せず、ウエスタン・クームから吹き上げてテントをゆさぶるのだった。排泄のためにテントの外に出たくても風速二〇メートルもある。風は、出したシリから体温をうばい、吹きとばされないようテントにしがみついてやらねばならないほどだった。

風は強くても、空は澄みわたり、ローツェの夕映えは岩峰を赤茶色に染めた。まるで客のように扱われたわれわれアタック隊二人は、六万円もするフランス製の酸素ボンベを毎分一リットル吸い、一晩で一本吸ってしまった。ボンベからゴム管を通る「シュー」という音を聞きながらやすらぎ、いつか眠るのだった。

## アタック開始

翌五月十日、相変わらず風はやむことを知らず吹きぬけ、頂上はまともに突風を受け、サウス・コルより、もっと強風が吹き荒れている。エベレスト登頂の可能性はあるだろうか。でも、われわれのアタックは一回だけのチャンスだ。ぜひ登らねばならないのだ。陽光がテントにさし始めたころ、シェルパを先頭に、われわれは東南稜の登攀を開始した。五人のシェルパは、最終キャンプ用の酸素、食糧、テント、シュラフ、炊事具、燃料などの装備を、それぞれ自分たちの吸う酸素ボンベの上に背負い十七、八キロの重量となった。ギラギラと蒼氷をのぞかせている氷田を過ぎる。斜面は登るにしたがい急なボロボロの岩となる。三組に分けられたザイルパーティーは、一歩一歩アイゼンのツメ先をきかせて登っていった。ふり返るたびにサウス・コルの黄色のテントは小さくなり、見上げていたローツェが同じ高さに見える。酸素ボンベから三リットルと、平地と同量の酸素を保っているので、体はいたって快調だ。高くなるにつれ、空は一段と青く、ローツェの後方には、大きくなめらかな曲線を見せ独立するマカルーが見わたせた。われわれはガラ場を登り、最後の雪田をぬけると、東南の雪稜の肩に出た。サウス・コルを出てから四時間もかかった。

風雪にさらされたフランス製の酸素ボンベの残骸を見た。インド隊の最終キャンプ地八五〇〇メートルだ。チベット側に張り出した雪稜をのぞきこむと、数千メートルにわたってカンシュン氷河に落ちこんでいる。だが、二三〇〇メートルにわたり、岩壁となっている南側とは対照的に、チベット側は岩の見られない雪壁である。雪稜をピッケルで切りこみ、二人用のテントを張った。露出した周囲の岩場にハーケンを打ちこみ、どんな強風がきても吹きとばされないよう綱を張り、ザイルでテントをしばるようにして結びつけた。心配した風も、サウス・コルを出てから次第におとろえ、サウス・コルのようにビュービュー吹きつける風音はしない。テントもはためかない。

空は晴れわたり、赤っ茶けたチベットの高原は地平線まで見え、マカルーのさらに後方には、シッキム（一九七五年、インドに編入）の国境にそびえるカンチェンジュンガ峰さえ見えるのだ。サポートに登ってきた河野隊員とシェルパは、テントを張り終わると、サウス・コルに帰って行った。八五〇〇メートルの最終キャンプに残された私たちの胸には、彼らが帰った後も、あたたかい彼らの友情が残った。そして、ザイルの固定すらないサウス・コルへの下り道の無事を祈った。

明日のアタック用の酸素ボンベ四本を外に置いて、ほかは全部テントの中に入れた。テントは四人用のウインパーテントにたった二人なので、ゆったりしており、酸素ボンベを枕元に置き、ゴム管を通してマスクをかけて吸った。直射日光を受けるテントの中は、ポカポカとあたたかく、八五〇〇メートルあるとは信じられず、冬の剣岳の稜線にテントを張っているようだ。

　午後の半日はテントロを開け、陽がかげるまで、ダブルのシュラフに横になりながらマカルーを眺めた。ローツェも、ローツェ・シャールも、八〇〇〇メートル級の山を寝ながらにして見る絶景の地である。松浦さんとマスクを通してボソボソ語り合った。

　一九六五年の春も、私たちはそれぞれこのヒマラヤにやってきたのだ。松浦さんの早大隊はローツェ峰の隣にそびえるローツェ・シャール峰の登山、私たち明大隊はゴジュンバ・カン峰に登った。私たちはヒマラヤははじめてであった。隊はちがってもふたりともアタックメンバーであった。アタック隊の松浦さんは、八一五〇メートルまで登りながら頂上直下で無念の涙をのんで引き返さなければならなかった。一方私は頂を踏んだ。失敗したローツェ・シャールを見ながら松浦さんは、今回のエベレスト登山に執念を燃やしているようであった。エベレスト登山隊で一緒になった松浦さんであるが、古くからの私の先輩であるように感じられた。

　きょうサウス・コルに第二次登頂隊の平林隊員とサーダーのチョタレーにサポートの安藤隊員が入った。トランシーバーで下の隊と交信し、第六最終キャンプに登ってきた河野隊員ほか五人のサポート隊が無事、サウス・コルに帰り着いたことを聞き安心した。

夕食、ブタンのガスコンロに火をつけα米（乾燥米飯）を炒って干飯にして食べたり、マシュマロ、チョコレート、コンソメスープを食べた。特に空気の乾きやすい高山で、紅茶をがぶ飲みしてノドをうるおした。夜中ノドがカラカラになり、ツバキも出なかった。息がマスクの内外で水滴をつくり、まるでヨダレをたらしたかのように口のまわりにたれ下がり、これがマスクの排気弁を凍りつかせるので息切れがし、何度も目がさめるのだった。

## 赤いザイル

五月十一日。目がさめた。外は明るくテントの中でも時計の針がはっきり見える。朝なのだ。時計はすでに五時をまわってしまっている。アタックに出る日なのに、五時過ぎまで寝ているとは。あわててシュラフをでた。コンロに火をつけ、雪をとかしてお湯をつくった。ゆうべ寝る前、きょうのアタックは四時に起床し五時に出発しようと松浦さんと打合わせていた。すでに出発の予定時刻は過ぎてしまっている。疲れていたせいか、気持よい酸素音についすやすや寝入ってしまったのだ。シュラフに入り、ガタガタ音をさせていると、松浦さんも目をさました。大切なアタック日に寝坊した私は、松浦さんに詫びようがなかった。

下のキャンプでは首を長くしてわれわれの様子を見守っている。紅茶にマシュマロの簡単な朝食を口にほうりこみ、テルモスに紅茶をつめた。陽光は、テントの真横からさしはじめていた。私たちはテントの中で靴をはき、オーバーシューズをつけた。ヤッケの上に羽毛服を着て、ザックには新しい酸素ボンベ二本、カメラ一台、紅茶入りのテルモス、それにポケットに昼食用のマシュマロを五、六個つっこんだ。そして、松浦さんと私は赤いザイルで結び合い、予定より一時間十分ばかりおくれた六時十分過ぎ、酸素を毎分三リットル吸って最終キャンプを出た。

ネパール側から吹き上げられた雪の稜線を、くるぶしまで足をうずめ、登りはじめた。幸い、きのうの風もけさはほとんどない。空は雲一点ない快晴。きょうは絶好のアタック日和《びより》だ。出発が少し遅れたのはちょっと残念だったが、すぐ目の上の南峰と、そこから続いている本峰の稜線など、見わたすかぎりの山が、ほんの一時間でとどく距離にある。だが、毎分三リットルの酸素を吸っていても、さすがに体はだるく足は重い。一歩一歩ラッセルする足は連続して歩けない。五、六歩出しては足をとめ、また、深呼吸をして、息をととのえなければならなかった。

稜線からはずれ、チベット側にルートをとると、ラッセルはヒザの上まであり、四ツン這いになり、クラストした急な稜線をよじ登ると、南峰のピークに達した。

南峰の上に立つと、頂上は百メートルとない距離にあった。だが、南峰から本峰に続く稜線は、両側が切れ落ちてナイフリッジ（稜線がナイフのように細いこと）になった雪稜だ。しかも不安定な形のまま、雪庇《せっぴ》がチベット側に張り出しているので、やせた稜線上を馬乗りになってゆくわけにはいかない。南壁の上をトラバースするようにルートをとらなければならない。南峰に出ると、いままでなかった風が出はじめ、顔面を刺す冷たい風は南壁にぶち当たり、エベレスト上部をつきぬけるのだ。私たちは南峰でユニオンジャックのマークの入ったカラッポの酸素ボンベを見つけた。それはついきのうまで使っていたように、サビていなかった。十七年前、エバンスらの英国の第一次アタック隊が失敗した後、ヒラリーとテンジンの二人がエベレストの頂に人類の足跡をはじめてしるしたとき、彼らが使ったボンベだ。

「先輩お先にどうぞ」

まだ半分以上残っている使用中のボンベを南峰にデポし、新しいボンベにかえて背中を軽くし、頂上へ向かった。足元に切れ落ちている南壁の上部、イエローバンドは足場もない。この下部の南壁ではいま、他の隊員が悪戦苦闘してルート工作しているのだ。私たちも目前に迫ったエベレストの頂の最後の難場なのだ。ゆだんはならない。

「百里の道は九十九里をもって半分とする」

という諺《ことわざ》を思い出す。ここでヘマをするとすべてが水の泡となってしまう。私たちの使命は、日本を背負っているのだ。私たちの登頂は自分たちのものではない。慎重を欠いてはいけない。こういいきかせてアイゼンのツァッケを氷雪にたたきこむ。

ヒラリーが苦闘したというチムニーは見当たらない。とうとう頂上近くにきてしまった。近くのコブを頂上と間違えた。ここだと思っているとまだ先があった。南壁をはさんで、西稜からつき上げている最後のコブの手前にきた。もう高いコブは見えない。明らかにエベレストの頂上だ。私をここまで導いてくれた松浦先輩に頂上をゆずった。次いで私もしっかりと頂上を踏みしめた。最終キャンプを出発して三時間過ぎた九時十分だった。一歩一歩登り、頂上に立ったこの瞬間をNHKから借りた16ミリカメラにおさめた。私たちはうれしさのあまり、お互いに抱合ってとびあがり、喜びをわかち合った。ついに私たちは、東南稜からの登頂の重責を果たしたのだ。

頂から見わたす景色をさえぎるものは何もなく、見上げていたローツェが眼下に見える。チベット側にあり、途中まったく見えなかったロンブク氷河が、延々と白い帯をなして流れている。ネパール側の針峰群とは対照的に、チベットの荒漠とした高原が地平線に広がっていた。

時の流れるのもわすれ、三百六十度の視界をほしいままにした。私はその間三十六枚撮りのモノクロ、カラーフィルムを六本もシャッターをきった。頂上には、死亡した成田隊員の写真と、彼が生前に好きであったタバコとマッチを雪を掘って埋めた。埋める前、写真をとり出し、

「成田！　お前はいまオレと頂上に登ったんだぞ。成田！　成田！」

と、松浦さんの涙声。私の頬も涙が流れ、その涙はサングラスに凍りついた。

私のもうひとりのなき岳友の写真を、成田隊員の写真と一緒に埋めた。山の「ヤ」の字も知らず山をはじめた明大山岳部で一緒に苦楽を共にし、山登りをやってきた小林正

尚君の写真である。

私が頂上で決意したことは、五大陸の中でただひとつ、まだ登っていないマッキンリーの単独登山だった。こんどこそ、正式な書類できっと許可を得て、登ろう！　アメリカは冒険に寛大なのだから……。この前は、自分の身分証明書さえ持っていなかった。こんどはきっとエベレストも登ったことだし許可してくれるに違いない。

# 五大陸最高峰を踏破

## 残された最後の山

世界の最高峰エベレストの頂上に立ったとき、つぎの目標は、すぐ隣にあるノコギリの歯のような岩峰、ローツェ(八五一一メートル)でも、マカルー(八四八一メートル)でも、また遠方に台形のようにきわ立ってそびえる世界第三の峰、カンチェンジュンガ(八五九八メートル)でもなかった。

私は、はるか遠くのアラスカにそびえる北米大陸の最高峰、マッキンリー(六一九一メートル)に思いをはせていた。

まだだれも世界五大陸の最高峰のすべてをきわめた人がないと聞く。ぜひ自分の足で、いちはやくこの仕事を成しとげたかった。それも、エベレストをのぞいては、全部単独登山でやっつけることだ。

現代、この地球で「冒険」「探検」という言葉で、未知の世界を求めることは、登山においてはなかなかむずかしくなってしまった。世界のすみずみまで登りつくされてしまっているからである。

世界の最高峰エベレストも、十八年前(一九五三年)に、ヒラリーとテンジンによってその頂はおとされている。どの山に行っても、人間のにおいがする。だから登山の歴史でも、「鉄の時代」とか「壁の時代」の言葉であらわされるように、未踏の山を捜すより、既登の山へより困難なルートから挑む、バリエーション・ルートの時代になってきたのである。

私の単独登山にしても、やはりひとつの登山形態として、未知なものへの探求と可能性への挑戦、さらに大きくいうなら、人間の可能性への挑戦ではなかろうかと思っている。グループで登山するのは、お互いに山を楽しむ目的ばかりでなく、個人、小人数ではできない条件があって隊を組むのだが、私の求めている単独登山は、たとえば陸上競技の一〇〇メートル競走で、〇・一秒を競って人間の可能性を深めてゆくのと同じことだと思っている。

私がこのマッキンリー単独登攀を終わって、アンカレジに帰ってきたとき、街は私の単独登山成功のニュースでわき、地元の新聞は大きな活字で報じ、ジョージ・サリバン市長は、

「はじめてマッキンリーの単独登山に成功し、このアラスカに新しい歴史をつくってくれた」

と、アンカレジ市の楯とバッジを記念に贈ってくれた。このことは、私にとって想像もしていないことだった。なぜなら、マッキンリーは、すでに一九一三年ハーパー隊の登頂以来、多くの人々によって登られてきている山である。それをこんどはじめて単独

登山に成功したからといって……。

一九六四年十一月、私が日本を離れ、はじめて大自然の氷河、ヨーロッパの最高峰モン・ブランを見たとき、初冬の雪の激しさも忘れたものだった。モン・ブラン単独登山を試み、ボッソン氷河のヒドン・クレバスに転落、九死に一生を得て脱出したときは、もう単独登山をやめようと思ったものだった。

しかし、山登りはたとえどんな山であろうと、自分で計画し、準備し、自分の足で登山する。その過程が苦しければ苦しいだけ、それを克服して登りきった喜びは大きい。だから私はモン・ブラン、キリマンジャロ、アコンカグアとひとりで登り続け、そして一九七〇年の春、単独ではなかったが、アジアのエベレスト、さらにまたひとりでいま世界の五大陸の最後の山、北米のマッキンリー登頂にも成功することができたのだ。

一九七〇年七月三十日午後一時半、私は登山具七十キロを背負い、羽田からパンアメリカン機でひとり旅立った。真夏というのに、羽田の私はセーターから防寒具まで着こんで汗まみれになっていた。航空会社の人には申し訳ないが、私の荷物は明らかに重量制限オーバーであり、できるだけ荷物を体にくっつけて、手持ちを軽くしようという苦肉の策である。シャツ一枚の乗客の間で、私はモーレツな厚着で汗をかき、私の作戦を見すかしたようなまわりの人の薄笑いで、またガマのように汗をタラタラ流した。キャビンで、その厚着からのがれてやっとひと息ついたが、私の心は晴れ晴れというより憂鬱であった。なぜなら、

「君の単独登山の許可は、まず不可能に近いでしょう」と、東京の虎ノ門にあるアラスカ州政府事務所の所長、勝山さんからいわれてきたからだ。

マッキンリーは国立公園法で四人以下の登山は禁止されている。二年前（一九六八年）単独登山の許可をもらおうと一ヵ月も粘りに粘ったが、ついに許可してもらえなかったにがい思い出がある。こんどもまた同じ結果をまねくおそれは、十分考えられた。日本山岳会会長、明治大学炉辺《ろばた》会の推薦状など、いろいろの書類は一応用意してみたものの、私は不安だった。

「お前の吉報を待つよ」

という友人の言葉に私の背筋はふるえた。

「可能性がありません」

など、お世話になった人たちにどうしていえるだろう。いかなることがあろうと、選ぶ道はひとつしかないのだ！　それは許可がおりようが、おりまいが、馬車馬のようにマッキンリーの登頂を試みる道しかない、と私は自分にいい聞かせていた。

もし許可が出なかったら、密入登山さえも……とすら思って私は恐ろしかった。しかし、法は守られるべきもの。よし、自分の登山の目的を話して理解してもらったら、例外も認めてもらえるかもしれない。その期待が私の心をささえてくれた。

フェアバンクス経由で、アンカレジに着いたのは同朝の七時すぎだった。東京のうだるような真夏の暑さから、いっきに冷蔵庫にでもいれられたように肌寒いアンカレジの空港だった。

フェアバンクスからアンカレジの空路で、マッキンリーが見えるというので、窓側に坐って、懸命に捜してみたが、雲にかくれて姿を見せない。単独登山の可能性は、こないかも知れないと不吉な感じがした。アンカレジでは二年前お世話になった知人をたずねてみたが、日本へ帰ってしまっていなかった。雨でテントを張ることもできず、仕方なしにホテルに入った。

幸いにもそのとき、五年前のヒマラヤ遠征隊長だった高橋進先輩に会い、山の好きなアメリカ人、ジン・ミラー氏を紹介してもらい、彼の家に泊めてもらうことができた。私は、英語にそう自信がないから高橋先輩の助言を得て、自分の意志を国立公園長に通じてもらおうと思った。しかし、忙しい高橋先輩はそのひまもなく、帰ってしまわれた。

## あたたかい手

仕方ない、私はハラを決め、翌三十一日登山許可の交渉に運命をかけた。胸をドキドキさせながら、日本から用意してきた推薦状、身体検査証、計画書、後援書などを持って、公園事務所に行った。

事務所は中央郵便局と同じ建物の三階にあった。扉をノックして部屋に入ると、隅にすわったひとりの男事務員が私を見つけた。説明するまでもなく、彼は私が単独登山に日本からやってきたことを知っていた。外電が入り、ラジオ放送が私のことをニュースで流すという騒ぎだったのだ。しめた！　ひょっとすると、許可されるかもしれないと思ったのもつかの間、ついで出てきた言葉は、

「残念ですが……。規則にしたがい、あなたの単独登山は認めません」

というものだった。

彼の強い口調は日本にいるときアラスカ州事務所で聞いたのと同じものだった。私は大道商人のように、そろえた書類のあるだけをひろげ、夢中で説得した。あまりの力みに顔はあからみ、紅潮しているのが自分でわかった。しかし、返事は、

「アイム、ソリー」

ではじまるものばかりだった。朝からねばって、とうとう昼過ぎになった。最後には、体全体から血の気がひいて、地獄におちていく感じにすらなった。もはや絶望、いよいよ予期していたように、マッキンリー密入単独登山といくか……。いや、オレにはできない……。

ぐったりとしょげかえって戻った私を、たまりかねたのか、しばらくして、ジン・ミラー氏がもういちど事務所につれていってくれた。彼は、エベレスト登頂者であるウィリー・アンソールド氏などと登山したことのある四十六歳のアメリカ人だった。

こんどは、奥の部屋にいるゆったりとした大柄な人に会わせてくれた。その人はアラ

スカ国立公園を取締る最高責任者であり公園長だった。

ジン・ミラー氏は、私のことをいろいろ細かく説明してくれた。私も与えられた最後のチャンスだとばかり、自分のありったけの英語をフル運転し、ジェスチャーを混ぜ、自分がこの登山に賭けていることを打明けた。話し終わると、公園長は大きな手で私の手をしっかり握り、コックリと首をタテに動かした。

「自分は規則を取締まる立場にある。正式には、いかなる理由があろうと、例外を認めるわけにはいかない。だが、八月中旬にアメリカの隊が、入山することになっている。書類上は、その隊の一員ということで、君のマッキンリー単独登山を許可しよう」

彼のにっこりした顔は神のように見えた。私の心は通じたのだ。うれしかった。おもわず涙がでた。

「私は、君の成功を祈る」

帰りしな、公園長は、再びかたい握手の手を差しのべてくれた。彼の手は大きく、あたたかく、心が伝わった。

**カヒルトナ・キャンプへ—とび**

一九七〇年八月十七日朝、アンカレジの北百八十キロにあるタルキートナという小さな田舎村から、飛行機でベースキャンプへとんだ。タルキートナから一時間、マッキンリー南西に流れ下るアラスカ随一のカヒルトナ氷河の上、標高二一三五メートルをベースキャンプとした。パイロットは、狩人、釣人を案内するアラスカでも指おりのグレイシャーパイロット（氷河に着陸できるパイロット）のドン・シェルダン氏、飛行機は六人乗りセスナだった。氷河の上に着陸できるといっても、車輪の下に水上スキーのような鉄板をつけているだけだ。

二日間も雨降りでとべなかっただけに、「きょうもまた駄目かもしれない……」と私はのんびりとシェルダン氏の飛行機の格納庫の中でシュラフにくるまって寝ていた。そこを、

「ヘーイ、ウエムラ、ゲット、アップ」

と突然起こされた。シェルダン氏は、

「あまり天候がよくないが、きょうベースキャンプ入りするから、すぐ出発の用意を頼む」

というのだった。時計を見ると、まだ六時前。北国の白夜のために夜おそくまで寝つかれず、ねむくて仕方なかった。外に出ると、タルキートナの上空は、少し青空が出かかって晴れてはいるものの、マッキンリーは完全に雲にかくれ、ゆるやかに広がる裾野だけしか見えなかった。

アラスカに入国してもう二週間以上になるというのに、日本の春雨のように雨はシトシトとつめたく降り、太陽が顔をのぞかせた日は三日となかった。なんとか許可はとれ

たものの果たして単独登山ができるのかと、いくらか気があせりかかっていたところだ。予定では、登山日程を二十五日間としたものの、長期戦を覚悟して、アンカレジ出発前スーパーマーケットで、パン、マーガリン、罐詰、スープなどをさらに買いこんで、一ヵ月以上の食糧を用意した。

また、装備についても、エベレスト装備の羽毛服、毛の下着、ズボン、靴、靴下、手袋、スキーなど、多少の重量は増しても、いかなる寒さにも耐え得る装備をした。その重量といえば、飛行機に積みこもうとすると、単独登山だというのに、自分でも背負いきれない百キロ以上にもふくれあがっていたのだった。

飛行機は、タルキートナを発って十分とたたない間に雲にとびこみ、その切れ間をぬうようにして前進した。マッキンリーに入るというのに、いったいどこにその山があるのか、その山肌はまったく見られないほど厚く雲がおおっていた。

だが、ドン・シェルダン氏は操縦歴二十八年にもなる四十八歳の陽気な男だ。彼にとって、このマッキンリーは自分の庭も同然だ。前衛の山々の周囲をガスる雲を軽業師のようにぬって、セスナはとぶのだ。雲の切れ間から、行く手に突然、黒い岩壁が姿をあらわした。ビックリしている自分をよそに、彼は口笛を吹いてハンドルをにぎっていた。

この飛行機のチャーター料は一時間九十ドルだった。ネパールの半額の飛行運賃である。アラスカでは、実は交通機関としては車より飛行機の方が発達している。アンカレジ空港の前のスペナード湖には、百機も浮かんだ飛行機の駐車場？　があり、どんな村にも、車はなくても飛行機はあるといっても過言ではない。それほど小型機がハバを利かせている。まるで自家用車並みだ。ちょっと街に酒をのみにいってくるといっては、自家用機をとばし、村からアンカレジまで気軽にやってくるのだ。

視界のきかない飛行にハラハラさせられているうちに、機はいつの間にか、雪原のような氷河の上をとんでいた。そして急降下に入り、二回旋回したかと思うと、雪のやわらかい氷河にらくらくと着陸していた。ここがマッキンリーのカヒルトナ氷河、ベースキャンプになるところだ。いよいよ本番がはじまったのだ。単独登山の第一歩である。

「君ははじめてのマッキンリーの単独登山者だ。ぜひ成功するよう祈る」

といって、シェルダン氏は私の荷物をおろすと、雲の中へ消えていった。

## 旗竿の効用

飛行機が見えなくなると、私はひとりぼっちになった。まず、やわらかな雪を踏みかため、ひと張りのテントを張った。夕方になり、ガスが氷河の上から消えると、そこは幅一キロもある氷河のド真ん中とわかった。両岸に、岩と氷のきれ落ちた壁がそそり立ち、その谷の中であった。ときたま静寂を破る轟音がする。ブロックなだれが起こっているのだ。

赤い二人用の小さなナイロンテントひと張り。これが私のベースキャンプだ。この春の隊員三十九人、雇ったシェルパが六十余人という、エベレストの大ベースキャンプとは、にてもにつかぬものだった。飛行機のとび去った後、のこされたのは自分だけ。動物一匹いない、人気《ひとけ》を離れた氷河の中なのだ。

氷の中のひとりぼっち。しかし、寂しくはなかった。もともと孤独が好きなのか、六十日間を費やしたアマゾン河の単独イカダ下りで慣らされたのか……。むしろやっとひとりになったのだという安堵《あんど》感さえあった。

ベースキャンプからマッキンリーの頂上まで、直線にすると三十キロはない。十五キロから二十キロくらいゆるやかなカヒルトナ氷河をつめて、カヒルトナ・パスに出、そこからさらに風が強いウィンディ・コーナーを通り、六〇〇メートルの高度差で落ちているウェスト・バットレスを登って鞍部にあるデナリ・パスに出て、主峰に達する。その西側からのルートはふつう十日間以上かかるコースなのだ。

一九六〇年の春、日本ではじめてこのマッキンリーに登った明大隊は、一ヵ月近くの日程を要した。しかし、私はもしできることなら三日でやっつけるつもりだった。エベレストで高度順化された私の体にとって、これは決して不可能ではない。私の目は一心に地図の上を走った。

単独登山といっても、別にかわったものを用意したわけでもない。グループ登山と同じ装備だし、単独のために、持ち運ぶ荷物の重量がグループ登山より制限される。そのうえ、単独登山はグループ登山以上に危険である。安全のためザイルを結ぶ相手がいない。また、どんな事故が起こっても、助けを求めるべき相手がいない。あらゆる障害を自分ひとりで切りぬけなければならないのだ。

ベースキャンプに持ってきた百キロの荷物の内容は、約三十キロの食糧、小型通信機、スキー一台、スキー靴、登山靴、テント、ツェルト(簡易テント)、シュラフ二枚、羽毛服上下、マット、カメラ三台、三脚、炊事用具一式、ザイル一〇〇メートル、登攀具のハンマー、カラビナ、ハーケン類、スノーシューズ、ヤッケ、セーター、着がえ衣類、テープレコーダー、旗竿《はたざお》などである。

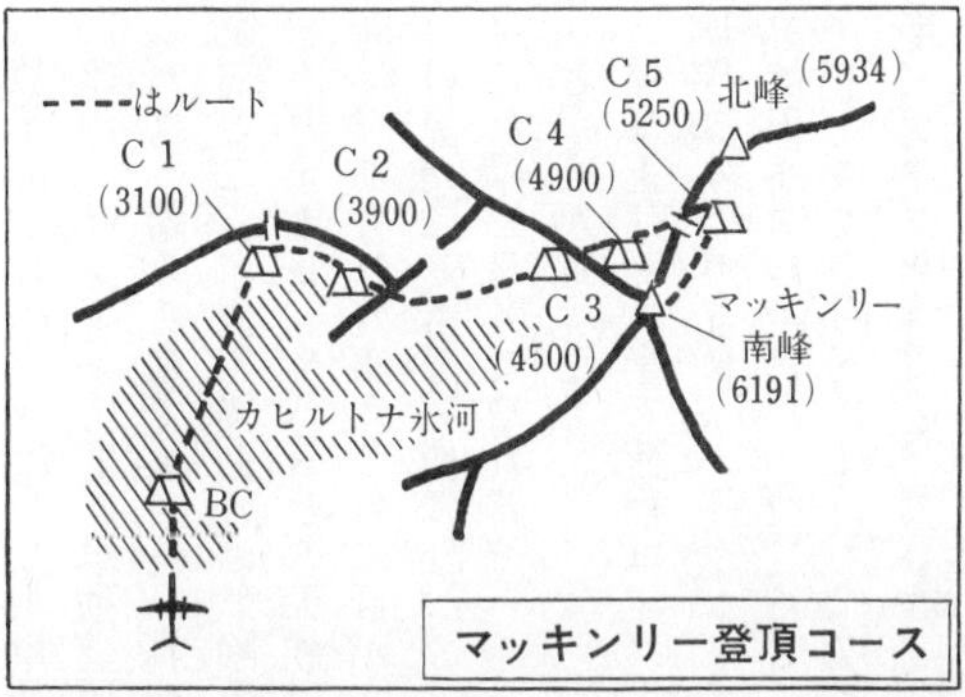

マッキンリー登頂コース

この旗竿というのが、単独登山のための私の工夫といえば工夫にあたるものだろうか。新雪をかぶった氷河にはヒドン・クレバスつまり落とし穴が無数にある。氷河を知らずに登ったモン・ブラン登山で、ヒドン・クレバスに落ちてからは、決して手ぶらでは歩かないことにしている。もし足を踏みはずしてクレバスに落ちても、途中でとまるように、旗竿を束ねて腰につけて歩くのだ。これが私の唯一の落下防止法である。つまり、単独登山で得たチエなのだ。

二年前、このマッキンリー単独登山の許可がおりず、アラスカの東部カナダ国境に近い氷山、サンフォードに単独登頂をしたとき、旗竿を腰につけて登る方法を知った。クレバスへ踏みこんでも、長い旗竿が私の体をささえてくれるはずだ。それにクレバスのあるところに立てておけば危険信号にもなる。

八月十七日、十八日と悪天候でベースキャンプから動けなかった。そして十九日朝四時半、あまりの冷えこみに目がさめ、とっさにテントロのチャックをはずしてみると、外は見たこともない快晴だ。ガスは引き、心も晴れ晴れした。

「これは三日間でやれるぞ」

と、心が躍った。

運び上げた大半の荷物は、ベースキャンプに残した。持っていくのは食糧一週間分、旗竿二本、ザイル、ハーケン、カラビナ、ハンマー、シュラフなど。ザックにつめると、二十五キロ以上になった。もしこれで失敗したら、再度挑戦するつもりだった。

アラスカの白夜とはいえ、カヒルトナ氷河は、谷が深くて太陽はとどかない。朝六時半、ザックを背負い、旗竿は、クレバス落下防止のため腰につけ、スノーシューズをはいて、ベースキャンプを出発した。スキーを持ってきていたが、新雪があまりに深くて使用できないのは残念だ。

私を運び上げてくれたドン・シェルダン氏が、革で網の目になったアラスカ特有のスノーシューズを貸してくれたのはありがたかった。

## 雪中のビバーク

カヒルトナ氷河の本流に出ると、幅四キロ以上にもなる。氷河の中にすいこまれるようにして、ひとり大地の上を蟻《あり》が歩むように歩いた。一歩一歩クレバスに注意を払いながら、大雪原の氷河を登っていく。単独でのラッセル、それは膝までもぐるラッセルになった。しかし、快晴のマッキンリーの頭が南壁の上に立っていた。氷河をはさんだ対岸には、白いゆるやかなフォーレイカ（五三〇四メートル）の雪の稜線に、雪煙が立ちこめていた。激しいラッセルをはげましてくれるのは、マッキンリーの頂上の雪である。

だがしかし、出発して三時間もたたないうちに、谷間にはガスが湧き、フォーレイカも、マッキンリー南壁もたちまちガスに包まれてしまった。それどころか、自分の行く手をさえさえぎられ、磁石と地図をつかわないと、前進不可能なほどで五メートル先も見えない。太陽の光線が届かないと氷河の上の起伏がわからず、ときたま新雪をかぶったクレバスに足を踏みはずしては、キモを冷やした。クレバスの落下防止のため、旗竿をつけているにしろ、全身の血の気が引いてゆくのであった。

二十五キロという重量、それにこの深いラッセルを、誰も交代してくれるものはいない。背中のザックは身にこたえ、最初は一時間歩いてはザックをおろしたが、五時間もそれをくり返していると、三十分も歩かないうちに、雪の上にザックを投げ出して、休止しなければ耐えられなくなった。

予想以上の雪の状態の悪さ、それにガス。その日、十キロの氷河をさかのぼって、カヒルトナ・パスまで出る予定をたてていたが、初日にして、三日で登攀する夢はやぶれてしまった。私はカヒルトナ・パスの手前、約二五〇〇メートルの高度のところで、ガスの中の前進をあきらめ、旗竿をテントのポールのようにしてつかい、ツェルトをかぶって雪の上にマットを敷いて寝た。日中の気温は氷点下五度ぐらいでそれほど寒くない。

翌八月二十日朝四時半、胸に強く圧迫を感じ、息苦しさに目がさめた。昨夜の静寂な夜から一変して猛吹雪に変わっていた。ツェルトが埋まって、支柱に立てた旗竿はひんまがり、雪が胸の上までおおいかぶさって、私は〝埋葬〟直前、起きようにも体の自由がきかない。足を曲げようとしても膝を折ることができない。全力をふりしぼって、体をゆり動かすと空間ができた。いざとなったら首に下げているナイフで、ツェルトを切ってぬけ出せばよいと思ったら、心は冷静になり、袋の中のネズミのように、ツェルトの中でモグモグとシュラフからぬけ出し、ナイロンのヤッケ、ズボンを着て、雪をかきわけかきわけ、ようやく雪の外にでた。外は一メートル先も見えぬ荒れ狂った猛吹雪、雪は一夜にして一メートル以上も積もった。ゆうべ、

「たぶんあすは快晴だろう」

と、タカをくくって雪洞も掘らず、ツェルトをかぶって寝たのが失敗のもとだ。幸い、スノーシューズの先が雪の上にわずかに先端を出していたのでひき出し、それをスコッ

プがわりにして雪を除いた。

吹雪はすごく、外に出たとたん体が硬直するほどの低温で、強風はどんどん私の体温をうばう。吹雪は頭にかぶったヤッケのフードを通して顔面に舞いこみ、鼻が凍傷にかからんばかりだ。やっとのことで雪の下のピッケルとスコップを掘り出したので、すぐ横に雪洞を作る作業にかかった。雪に穴を掘るのも、急斜面ならすぐ横穴は掘れるが、ここはゆるやかだから勝手が悪い。悪戦苦闘の末、幅一・五メートル、縦約二メートル、高さ一メートルの雪洞を完成したのは正午すぎ、吹雪の中の数時間に及ぶ大作業だった。

この除雪と穴掘り作業で装備は完全に濡れてしまったが、雪洞の中ではあたたかく感じられた。私はコッヘルで湯をわかし、かついできた鮭を切り身にして煮て食べた。この八十センチもある鮭はタルキートナで釣人からもらった。穴にはいって鮭を食うなんて、まるでクマだ。

## 孤独の山

翌八月二十一日も雪、また視界のきかない行進だった。一歩も動けない状態ではなかった。濡れたヤッケ、セーターは着干ししたが、靴類はシュラフの中で抱いて寝てもかわかなかった。ガスコンロの火のそばにおいてもかわかず、気やすめにしかならなかった。濡れた靴をはいて行動するということは、凍傷を意味する。この七月にマッキンリーの隣にあるフォーレイカに日本の遠征隊が登攀中、二人が凍傷にかかり、アンカレジ病院に入院したことを私は領事からきいていた。彼らが足の切断をよぎなくされるまでの凍傷にかかった原因も、濡れた靴をはいたことからである。

雪洞の一夜は、テントの中よりずっと安全で居心地がよかった。外はどんな吹雪でも、雪洞の中は静かだった。外が氷点下十度以下に下がっているというのに、雪洞の中は氷点下四度程度にいつも安定していた。

濡れたシュラフの中に体を横たえているだけの雪洞での停滞は、話す相手もいない。私はシュラフの中で、エベレストのこと、アマゾン河のイカダ下りのことなど、過去のできごとを思いうかべた。それは実に楽しかった。アマゾンのことなどは、まったく昨日のできごとのようにまざまざと思い出された。それはカラー映画のようでさえあった。私にとって、過去のできごとは、まったく心の宝であった。

二晩雪洞にとじこめられて八月二十二日朝、また雪降りで視界が利かなかった。また停滞かと心配したが、どうやらこの雪もカヒルトナ氷河の谷間の中だけのことらしい。食糧もなくなってくるし、これ以上天候待ちは許されない。私は意を決し、氷河のドカ雪の中を前進していった。

ガスの中でたよりになるのは磁石だけだ。旗竿を杖《つえ》のようにつき出し、雪の色でクレバスの落とし穴を読みながら進んだ。しかし、人間の方向感覚というのもいい加減なものだ。磁石の針で見当をつけて歩いていたつもりでも、時々ガスがサッと消えた瞬間に、自分はまるで正反対の方に歩いていたりするのだ。

しかし、午後四時ごろから晴れてきたし、しだいに風が強くなって新雪がとばされるのでラッセルもいくらか楽になった。こうして氷河上部のウィンディ・コーナーの手前の雪の斜面についたのは午後八時半。高度三三〇〇メートル、さすがその名のとおり強風が吹きすさぶ地帯だが、もう穴を掘る余力がないのでツェルトをかぶって寝た。

二十三日は地吹雪の中を午前十一時出発した。気温は氷点下十五度、衣服が濡れているので手足がキリキリと針で刺されるように痛む。しかし、ウェスト・バットレスの下四三〇〇メートル地点で一ヵ月前に登頂した日本スキー隊の大きなテントを発見したのは奇遇だった。道しるべもない山の中でのこのプレゼントは、神様が私を見捨てていない証拠のように思われた。テントは八人用なので手足を大きくのばして寝られた。ベースキャンプには一ヵ月分の食糧をあげたが、三日で登りきろうと意気ごんだので、七日分の食糧しかもたずに毎日食いのばしていたから、ここにはチョコレート、チーズ、乾燥牛肉、ビスケットなどがいっぱいあって、ありがたく頂戴した。中は、あたたかく、地吹雪の騒音をききながら横になった。ベースキャンプ近くにそびえ立っていたピーク・ハンター（四四四二メートル）と、フォーレイカ峰も目の位置にみえる。二十四日、この快適な住居で休養を決めこむと、二十五日は快晴が待っていてくれた。

私はアイゼンをつけ、三十五度もあるウェスト・バットレスの急斜面を腰までのラッセルで登っていった。気温は氷点下十九度、高度差六〇〇メートルを六時間で乗切り、岩と氷のヤセ尾根を登る。マッキンリー南峰（主峰）と北峰のコル（鞍部）のすぐ下の風の吹きぬける波うつ雪の台地、五二五〇メートル地点に達したのは午後七時半だった。日没まえにツェルトをかぶった。マッキンリーでは午後八時まで太陽が出ているので大助かりだ。

風が止んできたが、氷点下二十三度の寒さでロクに眠られぬままアタックの二十六日朝を迎えた。荷物はここにデポし、旗竿に日の丸と星条旗をセットし、それにアラスカの旗、水筒、通信機、カメラ、三脚、ビスケットと乾燥肉のアタック食を持って午前八時半出発した。ちょうどエベレストのローツェ・フェースの登りのように急な氷の斜面だが、アイゼンがよくきき、十時半には北峰と南峰の鞍部デナリ峠（五五六〇メートル）に到着した。そこからはたんたんとした尾根が頂上に向かっていた。私はカヒルトナ氷河、北に向かうムルドロー氷河、そしてフォーレイカ、ピーク・ハンターの山々の白い頂を楽しみ、雪の稜線に鳴るアイゼンのツメの音を味わいながら一歩一歩登っていった。四つほどのニセの頂上を越え、六一九一メートルの頂上に立ったのは午後三時十五分。意外に単調だった。

カヒルトナ氷河のベースキャンプを出て七日目であった。ついに私はマッキンリーの頂に立った。モン・ブラン登頂以来四年目、やっと世界五大陸の最高峰に自分の足跡をしるすことができたのだ。五大陸最高峰の全峰をきわめたのは、私が世界ではじめてだ。また、エベレストを除いては全部単独でやりぬいた。

「オレはやったのだ」

そう思うと、信念さえあればなんでもできると自信を強めた。そして、マッキンリーの頂に立つと、夢はさらにふくらんできた。実現はさらに夢を呼び、私は登頂した感激よりも、南極大陸単独横断の夢が強く高鳴り、自分の本当の人生はこれからはじまるのだと、出発点にたった感じであった。南は氷河の末端に無数の湖が散り、その先に緑が続いていた。北は白一色の氷の世界だった。私はまず三脚にカメラをセットして、セルフタイマーで自分の写真をとった。

頂上には前の隊の残したポールが立ち、それにワタ菓子のように霧氷が巻きついていた。空はエベレストのときと同じく、雲ひとつない快晴、私はなんと幸運な男だろうと思わずにはいられなかった。

頂上には一時間十五分滞在して、帰途についたのは四時半だった。六時にはデナリ峠の下のビバーク地点に戻り、そこから寝そべってウェスト・バットレスを滑り降りた。ナイロンの服は滑るのにおあつらえ向きで、小さなクレバスなど一気にとび越えてしまう。右手のザックが制動役を果たしてくれる。こうして登りに六時間かかった斜面を十五分で滑り降り、スキー隊のテントに帰りついた。大きな隊の一員だったらこんなことも許されないだろうが、そこは単独登山の気安さ、楽しさ。ちょっとしたアドベンチャーをやってみたまでのことである。

二十七日、登りは五日かかったが、下りは一気にスキー隊のテントから、氷河をかけ下り、たった一日でベースキャンプに帰った。

三十一日、ジン・ミラー氏はドン・シェルダン氏のセスナ機で、私をベースキャンプに迎えにきてくれ、私の成功を喜んでくれた。そして、彼の車でタルキートナからアンカレジに戻った。自分の権限で特別に単独登山の許可を出してくれた国立公園長のボーグマン氏も、まるでわが子の成功のように喜んでくれた。『ツンドラの人々』の著者、ムクタク・マーストン氏は、私の成功の記念に、自分の著書と、自分で採った五百ドル以上もするヒスイの原石をくれた。

地元の新聞は、

「マッキンリー、クライムド、ソロ」

などと一面のトップ記事で大きな活字を並べていた。そして八日間で、しかもそのうち三日は雪で停滞していたのに、

「もしこれ以上早くやるなら、パラシュートで降りねばなるまい」

などと書いたりしていた。

# 地獄の壁グランド・ジョラス

## この命は明日あるか

くるい咲いたブリザード、気温は何度だろうか。温度計がないのでわからないが、骨のズイまで冷えこむ。グランド・ジョラス（四二〇八メートル）北壁の最終段階、なかでもっとも難所のクーロアール（急峻な岩溝）。一〇〇〇メートル下のモン・マレ氷河まで、一直線に落ちる。小西政継さんをリーダーとした六人のツワモノは、〃氷と岩〃にへばりついてすでに一週間が過ぎている。食糧はきのうで切れた。横からたたきつける猛吹雪に、目もあけていられない。

小西、植村、高久でクーロアールにルートをひらいた。岩に氷が張りつき、手がかりも足場もない垂直の壁だ。五メートル先のトップを行く小西さんの姿が見えない。上から落ちてくるスノーシャワーを浴びているのだ。シルエットのように、壁の中に小西さんがもがいているのがかすかに見えた。

朝九時ごろから午後四時まで、クーロアールの中にとじこもった。十二本のアイゼンの先に出たツメ先に乗って、ザイルは四〇メートルものびない。先の二本のツメをかける場所がどこにもない。ハーケンで打つリス（岩の細い割れ目）もないから、体をとめるところもないのだ。どんなにスノーシャワーが落ちてきても、よけることもできない。岩の一センチもないホールド（手がかり）にアブミ（縄梯子のような登攀用具）をかけ、サーカスの曲芸師のようにじりじりと登っていく。

夕方、三角雪田の下のビバーク地に帰ったが、帰っても食べる食糧はない。カラッポの胃袋にようやく、コッヘル一杯のミルクを六人で回し飲みするだけであった。

グランド・ジョラス北壁は、欧州アルプスでもっとも厳しく、高度差一二〇〇メートルの垂直の壁は、登攀技術上からはもっともむずかしいものにランクされている。アルプスでもっとも危険な登攀は、アイガーの北壁といわれているが、危険度と困難さはグランド・ジョラスに比べればものの数ではないのだ。

このグランド・ジョラスの北壁を狙ったのは、小西政継さんと私が、今春（一九七一年）のエベレスト南壁国際登山隊に選ばれたからである。南壁国際隊は、一九六三年のアメリカのエベレスト隊隊長、ノーマン・ディレンファース氏が指揮し、フランス、スイス、西ドイツ、イタリア、オーストリア、イギリス、アメリカなどの欧米勢に、アジアからはインド、ネパール、それに日本と三十人の隊員が参加する国際隊だ。いずれも超一流のクライマーにまじって、恥ずかしくない活動をするには、ぜひとも、冬のグランド・ジョラス北壁で実力をつけなければならないと思ったからだ。

小西氏を隊長とする山学同志会の星野隆男、高久幸雄、今野和義、堀口勝年の五氏、それに私の六人がパーティーを組んで、一九七〇年十二月二十一日レショー小屋に上がり、翌二十二日から、グランド・ジョラス北壁の攻撃を開始したのである。

山の天気は十分に調べあげていたのだが、不幸にも二十六日朝、灰色のツルム（尖塔状の岩峰）の大岩壁にザイルをのばしていたとき、イタリア側から雲が流れ、小雪が舞いはじめた。これが欧州二十年ぶりの大寒波の訪れとは夢にも思わなかった。サポート隊とのトランシーバー交信ができていれば、大寒波の襲来もキャッチできたが、厳しい寒気と落雷の磁気で交信は不能となったのだ。

氷点下四十度、北壁はすべてが凍りつき、吹きとばされそうなほど風がたけり狂う〝地獄の世界〟だった。目をつぶるとマツゲが凍りつき、開くとき刺すように痛い。鼻毛もバリバリ凍った。

## 風雪を越えて

十二月二十一日、われわれ六名のパーティーは、午後シャモニを後にして、登山電車でモンタンベルに着いた。グランド・ジョラスは、レショー氷河の奥、青空の中に黒々とそそり立っていた。すぐ対岸の陽を浴びてそびえる、茶色っぽいドリューの西壁とは対照的であった。

パーティーは、その日のうちに、メール・ド・グラース氷河をつめて、レショー小屋に入った。

　翌二十二日、レショー小屋を夜明けとともに出発。ズタズタに切りこんだクレバスのモン・マレ氷河をつめて、朝七時前、グランド・ジョラス、ウォーカー稜の取付点に着いた。今野君がトップにたった。トップは空身で、後続はザイルをはったユマール（自己吊り上げ機）という登攀機械で登った。デポした食糧、登攀具をザックにつめると、ひとり二十キロ以上になり、体の重心を失うほど重い。

　三日目の二十三日は、氷と岩のミックス地帯を登り、レビュファ・クラック（レビュファは人名、クラックは岩の割れ目の意）の難所にかかる。今野君がまたトップにたつ。後からみんな新兵器ユマールでつづいた。ラストはザイルを回収し、リレーしてトップにわたした。小西さんが出発時、アイゼンの片方を落としてしまった。スペアがあったから支障はなかった。レビュファ・クラック登攀中、氷片がラストの小西さんの顔面を直撃、前歯が一本折れ鼻から血が吹き出した。腰かけて一夜を過ごすようなビバークサイトさえない。レビュファ・クラックの上下に三人ずつわかれてビバーク。羽毛服を着ているとはいえ、下から氷の冷気がジーンと尾骶《びてい》骨にまで響いた。腰を曲げ、膝を折って、頭を膝の上にまげて一夜をじっと過ごすことは、なみ大抵ではない。

　十二月二十四日〝七五メートルの凹状部〟に挑んだ。九十度以上の傾斜の壁やヒサシ状の岩の連続だ。トップは堀口君にかわった。神経痛かリューマチのように、登攀中腰が痛んだ。堀口君はハーケンを打ち、アブミをつかい苦労して凹状部を越えた。凹状部の上にはどこにも腰をすえるだけのテラス（岩棚）はなかった。アイゼンのツメ先しか入らない氷壁だった。足場を切り、二ヵ所にわかれ、ザイルで体を結び合ってクリスマス・イブを迎えた。かぶっているツェルトの内側は、湯気と息で真っ白に凍りついた。紅茶にコニャックを入れ、体をあたためた。

十二月二十五日、振子のトラバースを終わって、灰色のツルム（尖塔《せんとう》状の岩峰）の下に出た。ひとり当たり二十キロ近い重量のザックを背負ってのユマール登攀は、体が宙づりになり、悲鳴をあげるぐらい苦しい。サポート隊と交信するが、声が小さく聞きとれなかった。気温が低く、バッテリーが駄目になったのだ。

私は8ミリカメラを回していたが、バッテリーをとりかえてもカメラはうまく回らない。振子のトラバースを過ぎると、垂直な壁をもはや引っ返すことは不可能だ。いかなることがあろうと、上へ上へと登らなければならなくなった。

二十六日、灰色のツルムの岩壁で、トップにたつ星野氏のハーケンがぬけ、五メートル下に落下し、体を岩にたたきつけられたが、ヒザを強く打っただけで大事にいたらなかった。

灰色のツルムの上に出たころ、天候は急変し、シャモニの針峰群は低い雲におおわれ、強風とともに真下のモン・マレ氷河にたちこめていたガスは、ジョラスの北壁に舞いあがった。やがて、それが風雪に変わり、厳しい寒さが襲ってきた。

ツルムの頭の下のビバーク地は、雪をけずってつくったが、壁からさざ波のようにスノーシャワーが、われわれの真上から落下してきた。狭いテラスは雪に埋まり、冷えこむ寒気の中で一晩中、除雪作業をくりかえし、ねむることもできない厳しい夜だった。雪まみれになり、羽毛服から毛の下着まで濡れ、羽毛服の外側は凍りついた。

この状態では、明日はどうなるかわからない身だ。それでもみんな元気で、悲愴感というものはみられなかった。自分に敗《ま》け、悲愴感をもつようなことは、クライマーには絶対に許されないことなのだ。どんな困難も、冷静にきりぬけられる自信がなくてはならないのだ。

私はねむれないまま、過去のできごとを追った。盗賊に襲われたアマゾンのこと、無我夢中で登ったアコンカグア、ハチに刺されても痛みを感じないほどガムシャラに働いたカリフォルニアの農場のことなどの思い出にふけっていると、激しい寒さも忘れられた。この厳しい壁も、きっとオレは生きぬけられるぞ、と自分にいいきかせた。

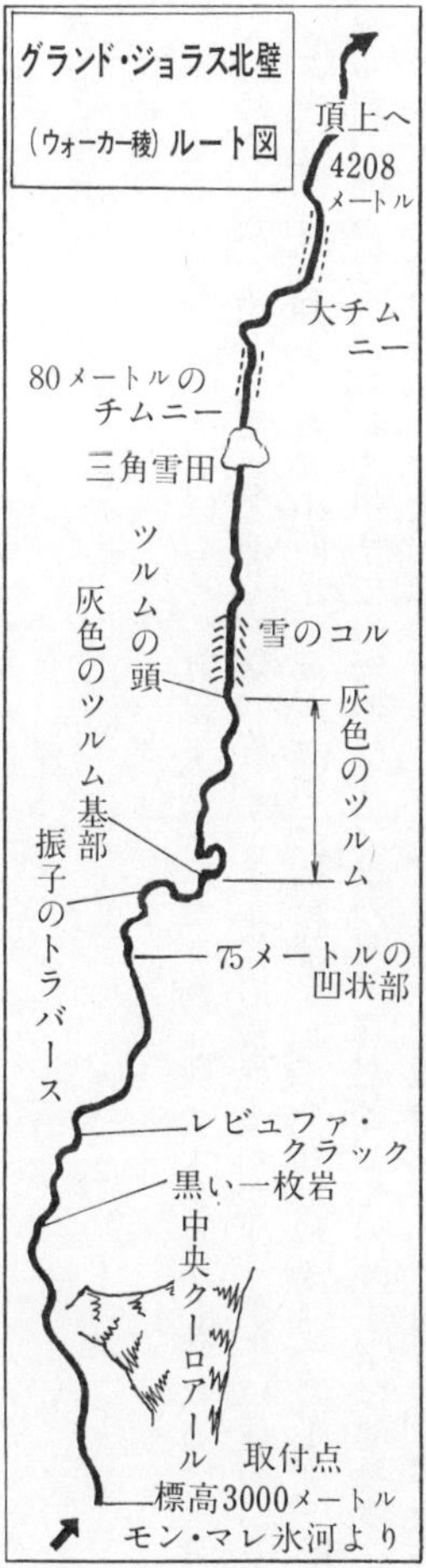

## 寒さと飢え

二十七日の朝を迎えた。きょう、私はトップにたった。靴ヒモを足がしびれるほど強く締め直した。激しい風雪と凍る寒気、五メートル先の視界もきかず、烈風は体のバランスを崩すほど強かった。小西さんはトップの私を確保してくれた。きょうのルートはツルムの頭から上の三角雪田までの岩のリッジなのだ。夏だと、このルートは難易度三級のルートだが、しかし、氷雪におおわれると、最高の六級のルートとなる。日本山岳会隊のエベレストの南壁で、小西さんとザイルを組んで以来、彼が隣にいると、なんの不安感もなかった。少しずつ、少しずつ前進した。ハーケンを打たなくても四〇メートルもザイルが伸びたところもあった。だが、雪に足場とリスのかくれた壁は、手袋で雪をはらいのけ、捜し出さねばならなかった。トップ用にとっておいた新品の厚い手袋二組が、夕方には濡れて使いものにならなくなった。目もあけられないような風雪にたたかれ、三角雪田までぬけられず、コースを途中のコル（鞍部）に変更した。

翌二十八日、私のノルマは三角雪田までだったが、最後のジェードル（凹角）の乗っ越しで、ついに小西さんにトップを代わってもらった。私が素手で悪戦しているのを見かねて、小西さんが交代してくれたのだ。私は五組もっていた手袋をぜんぶ消耗し、きょうの片方の手は靴下の予備で代用していた。

二十九日も悪天候。食いのばしていたインスタントラーメン、乾燥飯、野菜スープ、餅などの食糧を、二十八日の夜、不注意にも落としてしまった。それどころか、コンロ、コッヘル、ボール、それに星野氏のアイゼンまで入れたナイロン袋が、落っこちてしまったのだ。神経がにぶっていたのか、それとも疲れていたせいか、岩に打ちこんだハーケンのカラビナに確かに結びつけたと思い、手を離すと袋は音もなくヤミに消えていった。あまりの緊張の連続で注意力が欠け、確認する精神の余裕がなくなってきているのだ。隣でその様子を見ていた私は、「アー」と思ったが、それはあとの祭り。

スペアのアイゼンは小西さんが使っていたので、もうない。星野氏はアイゼンなしで登らねばならない。コンロはまだ一個予備をもっていた。コッヘルも、もう一個あった。二組に分けて持っていたから別のザックに入れていた。ひとり分のドライフルーツと、百六十グラム入りのチューブのミルク一本が残っていた。ドライフルーツは、アンズ、ナツメヤシ、レーズン、バナナ。これが残された全食糧だ。

きょうの行動は、小西、植村、高久の三人、ほかの三人はビバーク地に残った。上部の最後の難所、頭上に直立する八〇メートルのチムニーだ。北壁の中でも、もっとも危険なところ。チムニーは降雪の落下で、まるで滝のようだ。傾斜七、八十度あるクーロアールは、三ピッチ（一二〇メートル）以上もある。途中には足一本おく場所もない。スノーシャワーを頭から浴びながらの登攀となった。ようやく四〇メートルザイルをフィックスしたが、すでに一日の終わりが近づいたので帰ってきた。食糧はない。氷を溶かし、熱いミルクをつくり、コッヘルで回し飲みした。

十二月三十日、天候はいっこうに晴れる様子もない。スノーシャワーは三角雪田を激流のように流れている。しかし、前進しなければ、全員の死につながる。悪条件の中を小西、今野はルート工作へ。残った星野、堀口、高久、そして私は、ツェルトをかぶり、じっと彼らの帰りを待った。夕方になって帰ってきた。だが、彼らに食べさすものは何もない。

きょうもまた、小西さんはトップに立ち、クーロアールにザイルをさらに三本のばし最後の難所、チムニーを登り切った。長年、岩登りひとすじにかけてきた小西さんは当然のような顔をしているが、やっぱり疲れはかくせない。吹雪の中、苦労して帰ってきた顔をみるとはっきりとわかった。しかし彼らに何もしてあげられない。ザイルで体をとめ、切りこんだ氷の上に腰をおろし、寒気と飢えに耐えた。五時半には暗闇になる冬の夜長を、じっと朝を待つのだった。きょうある命も、明日あるとは限らない。

十二月三十一日、吹雪はようやく去った。しかし、ガスはまだ残っていた。食糧もなく、寒気に体温をうばわれ、極度に疲労した。ただ、精神力と気力だけだ。

朝の出発は遅れ、フィックスしたザイルにぶらさがる。ユマールにぶらさがっている腕は力がぬけ、体が思うように動かない。それでも、一歩でも登らなければ、食糧をデポしてある頂上へは着けない。私たちはこのグランド・ジョラス北壁を登頂した後のことを考え、事前に南側（イタリア側）から登り、頂上に食糧や燃料をデポしておいたのだ。

重い足をひきずってクーロアールからぬけた。水平トラバースの手前のテラスで、北壁の最後の夜を送った。足を宙に浮かしながら……。

岩にゆわえた体。寝られない夜の寒気。ウトウトすると、きまって岩から落下する夢を見た。シャモニ対岸に、スキー場の灯がひとつ、星のように輝いている。

あの灯は大晦日の今夜、おいしいケーキとワインをかこんで楽しんでいる灯だろう。われわれはなんたることか、口に入れるひとつぶのレーズンさえない。日中ノドがかわいて、氷を食べ過ぎたので、口の中がただれた。壁でじっと年の明けるのを待つわれわれのことを誰が知ろうか。

ウトウトしていると隣の身ぶるいが伝わり、私の体もふるえがはじまるのだった。みんな口をきくのさえ大儀らしく、話し声はない。みんな何を思っているのだろうか？

私も春のエベレスト登頂、マッキンリー単独登山などの思い出にふける余裕さえもなかった。ただ、生きてぬけきりたいことだけであった。危険に遭遇したとき、きまって口ずさんだアナ・マリア。彼女に助けを求めるのだった。しかし、アナ・マリアの顔は浮かんでこなかった。

## 生きて還る

年は明けた。一九七一年一月一日。昨日まで氷河の上に残っていたガスは消え、アルプスの鋭峰が朝日でバラ色に輝いた。新しい年へのスタートにふさわしい朝だった。

トップの今野君は岩棚をトラバースし、最後のルンゼを登りきった。十二時半、今野、星野、堀口、高久、小西、そして私の順で四二〇八メートルのウォーカーピークに立った。

一瞬にして、いままでの不安は消えた。オレたちはついに生きぬいたのだ。もう死ぬことなく、生きて帰れるのだ……と。

イタリア側斜面に降りそそぐ太陽は明るく、美しかった。一日中陽がさえぎられている北壁では見ることのできなかったすばらしい眺めだ。

下降ルート偵察のときデポした食糧にありつき、パン、チョコレート、サラミ……を、ただただ黙々と食べた。カラッポの胃袋には、これほどこの世でうまいものはなかった。

太陽がモン・ブランに沈みかけるころ、私たちは頂上を後にし、南側の岩壁をアップザイレン（懸垂下降）して下り、クレバスの中で最後の夜を過ごした。

一月二日、さらに岩稜をアップザイレンしてグランド・ジョラス小屋を経て、夕方、イタリアのアントレーブに着いた。サポートしてくれた鹿取、手島、関野夫妻、三郎、鈴木さんらが迎えにきてくれた。また、

「コングラチュラジオネ」（おめでとう）

と、正月のスキーにやってきていたひとびとから歓迎をうけた。

グランド・ジョラス北壁登攀成功の代償は、あまりに大きかった。小西、星野、堀口、

今野の四氏は凍傷にかかり、そして、小西さんはついにエベレスト南壁への国際隊参加が不可能となってしまったのだ。

私にとって冬期のグランド・ジョラスの北壁登攀は、これまでの私の登山経験とはいささか異なっていた。アコンカグアやマッキンリー、キリマンジャロなどと違って、この北壁は一日の行動を終えても疲れた体を休め、横になって寝るべき場所もないのだ。まる十一日間というもの、太陽の光を受けず、冷蔵庫に閉じこめられたような地獄の生活であった。体は常に岩に確保し、伸ばすことのできない足は、いつも宙に浮いていた。

寒くてもあたたかいシュラフを持っていくことはできない。垂直登攀では、重量が制限されるからだ。二本の足で一歩一歩と登る登山とはだいぶ違う。十二本ツメのアイゼンの、その一本のツメに体のすべてをかけているのだ。もし、アイゼンの一本のツメを滑らせれば、重力の法則にしたがってまっさかさまに落ちていくよりほかはないのだ。

このような垂直の岩壁登攀は、山ぜんたいの危険というより、その場、その場の瞬間、一刻一秒にすべてがかかっているのだ。いくら私が冒険が好きだからといっても、経験と技術もなくて、また生還の可能性もない冒険に挑むことは、それは冒険でも、勇敢でもないのだ。無謀というべきものなのだ。

それがどんなに素晴らしい挑戦であったにしても、生命を犠牲にしては意味がない。こんどのグランド・ジョラスへの挑戦は、大きな代償を払わねばならなかったが、しかし、私にとってはその中から貴重な教訓を学びえた。この教訓を、エベレスト南壁の国際隊に生かせたら、幸いだと私は思っている。

一九六五年から一九七〇年までの過去六年間、私は八〇〇〇メートル峰ひとつ、七〇〇〇メートル峰ひとつ、六〇〇〇メートル峰三つ、五〇〇〇メートル峰三つ、四〇〇〇メートル峰五つの十三の山を登攀した。五大陸の最高峰に登頂する目的は、マッキンリーをもって終了した。そして、一九七〇年末に冬期グランド・ジョラス北壁の挑戦をやってのけた。

はじめて氷河に足を入れ、ヒドン・クレバスに落っこちたモン・ブラン。豹、野獣におびやかされ、ピッケル一丁を武器に登ったケニヤ山。麓から十五時間の速攻で一気に登った南米のアコンカグア。大部隊で登ったエベレスト。恐怖のどん底にあった六十日間のアマゾンのイカダ下り……。

金もなく、無性に登りたい一心からはじめた世界山登りの旅であった。アメリカでの資金づくり。カリフォルニアの農場では労働許可証もたずに働いた。アメリカの移民局に見つかり、鉄格子の牢にぶちこまれ、本国送還の直前に、旅の目的を必死に打ちあけたおかげで、移民局の寛大な処置に助けられヨーロッパ入りをした。こうして私の世界山旅がはじまったのだ。

ゴジュンバ・カン（七六四六メートル）のヒマラヤ遠征隊参加の後、隊員と別れて再び第二の故郷フランスに帰ると、無一文の中で黄疸におそわれ、一ヵ月間病床に伏した。途方にくれている私を、冬季オリンピックの滑降の優勝者、ジャン・ビュアルネ氏がひきとってくれた。インド、ネパールでも、南米でも、またマッキンリー登山でも、旅の先々で多くの現地民、日本の方々に強い援助や協力をうけ、ついに私の目的は全部達成できた。

今日まで、私は二十五、六ヵ国をかけめぐったが、誰ひとりとして悪人はいなかった。ドウモウだから注意せよと警告されていたインディオ、ヒマラヤの山岳地帯に住むシェルパ族、また、アフリカのヤリを持つマサイ族にも、言葉は通じなくても心がかよった。単独登山とは、確かに自分ひとりでやるものであるが、周囲のたくさんの人々の協力をあおがなければ絶対にできないことだ。

こうして五大陸の最高峰を自分の足で踏み、さらにアルプスの中でも特にむずかしい冬期の北壁の登攀に成功したいま、私の夢は夢を呼び起こし、無限に広がる。過去のできごとに満足して、それに浸ることは現在の私にはできない。困難のすえにやりぬいたひとつ、ひとつは、確かに、ついきのうのできごとのように忘れることのできない思い出であり、私の生涯の糧《かて》である。しかし、いままでやってきたすべてを土台にして、さらに新しいことをやってみたいのだ。若い時代は二度とやってこない。現在（一九七一年）、私は二十九歳、思考と行動が一致して動くのはここ一、二年だろう。経験は技術である。いまが私にとって、いちばん脂《あぶら》がのり、自分で何かができる時期である。

南極大陸の単独横断。南極大陸を、たったひとりでイヌとソリでやってのけるのが、私の最後の夢である。私は地理学者でも、物理学者でもない。南極に入っても科学調査をする知識も持っていない。ただ、いまの私にとって、自分の限界を求め、何かを見いだしたい。

人のやった後をやるのは意味がない。それも人のためにではなく、自分のためにやるのだ。南極横断はいまから二年後を目標にしている。極寒の中、三千キロの氷の上を単独横断するのだから、自殺行為だと誰もがいう。

しかし、私はきょうまで、ひとつひとつ強い決意のもとに全精神力を集中してやりぬいてきたのだ。必ずやりぬける自信がある。ただ、思うだけではない。南極横断に出発する前、体力をつけ、精神力のトレーニングにより、精神を強靭にすれば、道は必ず開けると私は思う。

しかし、南極を横断するのもまた、単に自分の意志だけでできるものではない。それだけでやったら、それはまったく無謀というものだ。

氷点下四十度の温度は、こんどのグランド・ジョラスで身をもって体験した。しかし、南極がもつ特有の地理的条件、気象条件については、私は何も知らない。南極の氷点下五十度以下の気温は、私はまだ一度も体験したことがない。決意だけでなく、まず横断の可能性を追求し、見定めなければならない。そのためには、南極の氷雪、氷河、クレバス、気象、地形など、南極のもつすべてを自分の肌で感じ、また、触れて、その準備をしなければならない。

これが私のこれからの夢なのだ。マッキンリー登頂の帰路、ニューヨークによったのも、その準備のためであった。こんどのエベレスト南壁国際隊参加も、いってみれば、私にとって南極への道を開くひとつのステップなのだと思って、喜んで参加させてもらうことにした。

学生時代に、私の登山活動を許してくれた両親、山登りを教えてくれた明大山岳部、先輩の方々、またこの本に書ききれなかったが、いたるところで世話になった多くの方々にも深く感謝するとともに心からお礼を申し上げたい。

（一九七一年二月記）

# 文庫版のためのあとがき

私が大学の山岳部に入部し、山というものを始めたとき、郷里の両親は「なんでそんな重い荷物をかついで山に登るんじゃ」といって不思議がっていた。サルやイノシシの出没するような田舎の人間にしてみれば、あたりまえの疑問だと思う。私自身にしても、山の危険や遭難について、山登りについて何ひとつ知ってはいなかった。

それが、四年間の部活動で延べ五百日以上も山を歩きまわることになった。卒業後も親の意見をきかず、放浪の外国生活へ。言葉はできなかったが、それでも現地の人の世話になり、多くの人に協力していただいたお蔭で、五大陸の全部の最高峰に登ることができた。その多く（エベレスト以外）は単独の登山だった。

日本山岳会のエベレスト、山学同志会のグランド・ジョラス北壁など、チームを組んでお互いの力を結集し、苦楽をわかち合いながらひとつの山をめざすことは、たしかに楽しいし、必要なことだと思う。反面、個人の意志を前へ押しだすわけにはいかないし、仕事も分担するから、自分が隊の歯車の一つになってしまったような気持にもなる。もし自分の意志を押しとおそうとすると、エベレスト南壁国際隊のように、隊そのものが空中分解してしまう。

結局、というよりも、最初からわかっていたことかもしれないが、山は他人のために登るものではないのだと思う。誰からも左右されない、自分の意志ひとつで行動できる単独行であれば、それが人のためではなく自分のためであればあるだけ、すべてが自分にかえってくる。喜びも、そして危険も。

私は五大陸の最高峰に登ったけれど、高い山に登ったからすごいとか、厳しい岩壁を登攀したからえらい、という考え方にはなれない。山登りを優劣でみてはいけないと思う。要は、どんな小さなハイキング的な山であっても、登る人自身が登り終えた後も深く心に残る登山がほんとうだと思う。

一九七二年、アルゼンチン南極基地にいった帰路、アコンカグアの高度差三〇〇〇メートルの南壁未登攀ルートを試みたことがあった。登攀そのものは、落石に悩まされ失敗に終わったが、満足な装備もなく、梱包用のビニールひもをザイルがわりに使用したほどのこの登山は、今でも私の中に深い思い出となって生きている。くり返しになるけれど、登山というものは結果でも、他人のためでもないのだと思った。

この夏（一九七六年）、カスピ海と黒海にはさまれたソ連（現・ロシア）のコーカサス地方の最高峰、エルブルース（五六三三メートル）に、ソ連のスポーツ担当官といっしょに登った。しばらくの間、日本列島徒歩縦断、極地での越冬、北極圏の犬橇旅《いぬぞりたび》と、南極大陸横断の夢を実現させるための準備の活動をしてきた。登山という垂直の行動から離れ、水平の世界を歩いてきた私には、同行してくれたスポーツ担当官の足がとても速く感じられ、久しぶりの高山に頭が少し痛んだ。しかし快適な登山でもあった。

いまの私には、これまで人前では決して口にすまいと心に決めていた夢がある。南極大陸の最高峰のビンソン・マシフ、五一四〇メートルの頂である。南極大陸の単独横断が以前からの私の夢であるが、その最高峰に登るなどという夢は持ってはいけないことのように思っていたのだ。五大陸の最高峰に登れたのだから、南極大陸のビンソン・マシフにも機会があったら登ってみたいと思うのは欲張りであろうか。山の経験を生かし、垂直の山から水平の極地へと、私の夢は無限にふくらんでいく。

一九七六年　秋　　　　著　者

本作品には、今日からすると差別的表現ととられかねない箇所があります。作者には差別を助長する意図はまったくありませんが、作品に描かれた時代の社会的慣習が抱えていた問題が反映された表現と考えられます。作者はすでに故人となっており、新装版刊行にあたって表現を改変することはせず元のままといたしましたが、読者の皆様が注意深くお読み下さるようお願いする次第です。

文春文庫編集部

# 解説

西木正明

いまさらいうまでもないが、植村直己は、戦後日本が生んだ最大の探検家、冒険家である。若くして世界五大陸の最高峰をすべて攻略し、登山家としてその名を世界に知られる存在となった。

しかし彼は、それに甘んずることなく、以後活動の舞台を極地にも広げ、犬橇《いぬぞり》による北極圏単独行やグリーンランド縦断などの快挙をなし遂げた。

『青春を山に賭けて』は、そんな世界のウエムラの原点ともいうべき青春時代の山行と、その前後のさまざまな出来事、人との出会いなどをつづった、いわば彼の生涯の前半を自らの筆でつづった記録である。

解説付きの文庫をお読みになる読者の中には、時に解説から先に目を通される方がおられるので、内容についてはあまり詳しく申し上げないことにする。植村直己という稀有の存在を存分に味わい、楽しんでいただくためには、なまじ下手な内容紹介などないほうがいいと考えるからだ。

かわって、一個の読者としての読後感と、ほんの一瞬ではあるが、生前の著者に出会った経験を持つ者として、彼の人柄などを中心に述べてみたいと思う。

まず、植村直己という一個の人間が持つ魂のたとえようもない透明さである。探検家、冒険家などという人種は、浮世離れした純真無垢な魂の持主と思われるかも知れない。しかし、探検家、冒険家といえども、しょせんは人間である。その人の人間的資質、あるいは国家や民族など、身を置く環境や時代によりさまざまな制約を受け、自らの欲望に振り回される。

古くは大航海時代のヴァスコ・ダ・ガマやコロンブスは、ヨーロッパ列強の覇権争いや領土拡張の野心を満たすための尖兵的な存在だったし、ほぼ同時代のフランシスコ・ザビエルは、キリスト教布教を目的にしつつも、やはり列強の覇権争いと無縁ではなかった。

そんな極端に古い時代の例でなくとも、たとえば十九世紀から二十世紀初頭にかけての欧米人によるアフリカ探検、あるいはアジア中近東の地図の空白を埋める調査隊などの探検行は、植民地の拡大、あるいは地下資源の獲得競争という側面があった。

二十世紀半ばから後半にかけて、エヴェレストに代表されるヒマラヤの八千メートル峰をめぐって、激しい初登頂競争が繰り広げられた。これなども国家の威信を背にしてという側面と、初登攀《とうはん》者としての名誉と、それがもたらす経済的利益を得たいという個人の欲望があった。

同じ登山隊の中でも、誰がピークに立つ登頂隊員になるかで、時に見苦しい争いが起こるのは、このあたりが原因である。

そういう点から見ても、植村直己は稀有な存在であった。同じ登山隊の仲間を踏台にして、未踏峰の頂きに立ちたいという意識が皆無であったことは、多くの登山仲間が証言、絶賛していることからもわかる。

そんな彼の人格は、どうやって培われたのか。生まれついての資質がもっとも大きな理由だろうが、もちろんそればかりではない。本書に描かれている彼自身の生い立ちと以後の人生経験が、それとなく答えを出してくれている。

植村が山に興味を抱いたきっかけは、一部の山好きの間で今も熱狂的なファンがいる、伝説的登山家にして郷里の大先輩、加藤文太郎の存在が欠かせないだろう。加藤は大正後期から昭和初期にかけて、おもに日本アルプスを舞台に、単独行で山に登った。

当時の登山はお金持ちの道楽的な要素が強く、現在のヒマラヤなみに、ガイドや人足を雇っての登山がメインであった。そんな中、加藤は終始単独行をつらぬき、装備も高価な登山靴や衣類ではなく、安価に入手出来る地下足袋や手持ちの衣服で、先鋭的な登山を行った。

植村は加藤のこのやりかたに強い共感を覚え、装備や衣類こそ現代科学の恩恵を享受したものの、ごく少ない例外を別にして、基本的に単独行で山に登った。加藤は晩年の、と言っても二十代の後半から三十歳までだが、パートナーとともに登山し、結果的にその仲間といっしょに厳冬期の槍ヶ岳北鎌尾根で遭難死した。

植村の人生を見ると、時代とスケールの違いこそあれ、加藤の歩みとよく似ていることに驚く。そういう意味では、植村にとっての加藤文太郎は、山行を含む人生の師匠であったともいえるだろう。

植村の優れた資質のひとつに、常に誰かへの感謝を忘れない、ということがある。これは簡単なようで、なかなか出来ることではない。とりわけ登山家としての頂点をきわめてからも、常に自分はいろいろな人に支えられているという思いを絶やさなかった。こんなところも、死後二十四年になる今日なお、多くの人に愛されるゆえんだろう。

前述のように筆者はただ一度だけ、植村直己に会ったことがある。ある小説を書くための取材で、場所は池袋の喫茶店だった。

すでに多くの登山や冒険旅行をなし遂げていた植村の話は、とてつもなく興味深いものであったが、その中で今も強く印象に残っている言葉がある。

筆者が、

「植村さんは登山家、探検家として広く世に知られる存在になられた。そんな植村さんの後に続く者たちのために伺いますが、一言で言って、探検家になるために必要な資質はなんですか」

と聞いた。

植村はわずかの間考えた後、

「臆病者であることです」

と答えてくれた。

意外な答えではあったが、同時に深く共感した。筆者もたまさか少年時代から山に親しみ、大学生になってからは探検部なる部活に在籍して、冬山や岩壁登攀、極地での越冬生活などを行った。

もちろん、植村の超人的な業績とは比ぶべくもないささやかな行いだが、そんな体験を通してでも、同じような感じを抱いていたからだ。当初はそんな自分の臆病さかげんが嫌でしかたがなく、なんとかして直したいものだとあがいた。

しかし、たとえば冬山で悪天候に見舞われた時、あるいは沢登りの最中、源流で雨が降った時など、さっさと尻に帆をかけて逃げ下れたのは、臆病な性格の賜物だと気がついて以降は、出来もしない性格改造を願うのをやめることにした。世界のウエムラといわれる存在になっても、ひとつ間違うと誤解されかねないような思いを正直に吐露する彼の人柄に触れ、これこそが世界の一流といわれる人物の証だと、同年代ながら、あらためて深い尊敬の念をいだいた。

正直といえば、本書の中でも彼の性格を彷彿とさせる、ほほえましいエピソードが紹介されている。アフリカの高山ケニヤ山に登った時のこと、入山直前に遊びに行ったナイト・クラブで現地の娘と出会って、一夜を共にする。

その時の描写がいかにも彼らしい含羞に富んだ書き方で、思わず顔がほころんでしま

うのだ。通常ならあえて書かなくても、と思える出来事なのに、この娘に、

「いっしょに生活したい」

と言われたことまで紹介し、その時の彼のとまどった顔つきまでが想像出来て、思わず文面に向かって、

「もう少しくわしく話して」

と言いたくなった。

ある種のシモネタであっても、それが彼の人柄を偲ばせるのは、植村ならではのこと。多くの旅行記、探検記が世に敷かれてきたが、想像を絶する登山や極地旅行が、あたかも日常生活の一こまのようにさりげなく書かれた本書は、類書にはない温かみと微笑みに満ちている。


（作家）

単行本　一九七一年三月　毎日新聞社刊
本書は一九七七年一月に刊行された文春文庫『青春を山に賭けて』の新装版です。
（山の標高等のデータは文庫刊行時のものを尊重しました）

本書の無断複写は著作権法上での例外を除き禁じられています。
また、私的使用以外のいかなる電子的複製行為も一切認められておりません。

文春文庫

青春《せいしゅん》を山《やま》に賭《か》けて

定価はカバーに表示してあります

2008年7月10日　新装版第1刷
2023年10月15日　第19刷

著　者　植《うえ》村《むら》直《なお》己《み》
発行者　大沼貴之
発行所　株式会社 文藝春秋

東京都千代田区紀尾井町 3-23　〒102-8008
TEL 03・3265・1211㈹
文藝春秋ホームページ　http://www.bunshun.co.jp

落丁、乱丁本は、お手数ですが小社製作部宛お送り下さい。送料小社負担でお取替致します。

印刷製本・TOPPAN株式会社

Printed in Japan
ISBN978-4-16-717806-2

（　）内は解説者。品切の節はご容赦下さい。

石田雄太
**大谷翔平　野球翔年　Ⅰ**
日本編2013－2018
投打二刀流で史上最高のプレーヤーの一人となった大谷翔平はいかにして誕生したのか？　貴重なインタビューを軸にしたノンフィクション。文庫オリジナル写真も収録。（大越健介）
い-57-2

生島　淳
**奇跡のチーム**
ラグビー日本代表、南アフリカに勝つ
二〇一五年九月、日本ラグビーの歴史を変えたW杯南アフリカ戦勝利に至る、エディー・ジョーンズHCと日本代表チームの闘いの全記録。『エディー・ウォーズ』を改題。（畠山健介）
い-98-2

植村直己
**エベレストを越えて**
一九八四年二月、マッキンリーに消えた不世出の冒険家が、一九七〇年の日本人初登頂をはじめ、五回にわたる挑戦を通じて人類を魅きつけてやまないエベレストの魅力のすべてを語る。
う-1-5

植村直己
**青春を山に賭けて**
エベレスト、モン・ブラン、キリマンジャロ、アコンカグアなど五大陸最高峰の世界初登頂の記録と、アマゾン六千キロに挑むイカダ下り。世紀の冒険野郎の痛快な地球放浪記。（西木正明）
う-1-6

植村直己
**極北に駆ける**
南極大陸横断をめざす植村直己。極地訓練のために過ごした地球最北端に住むイヌイットとの一年間の生活、彼らとの友情、そして大氷原三〇〇〇キロ単独犬ぞり走破の記録！（大島育雄）
う-1-7

角幡唯介
**極夜行**
太陽の昇らない冬の北極を旅するという未知の冒険。極寒の闇の中でおきたことはすべてが想定外だった。犬一匹と橇を引き、4カ月ぶりに太陽を見たとき、何を感じたのか。（山極壽一）
か-67-3

角幡唯介
**極夜行前**
天測を学び、犬を育て、海象に襲われた。本屋大賞ノンフィクション本大賞、大佛次郎賞をW受賞した超話題作『極夜行』。その「エピソード1」といえる350日のすべて。（山口将大）
か-67-4

沢木耕太郎
**敗れざる者たち**
クレイになれなかった男・消えた三塁手・自ら命を断ったマラソンの星――勝負の世界に青春を賭け、燃え尽きていった者たちを描く、スポーツノンフィクションの金字塔。（北野新太）
さ-2-21

鈴木忠平
**清原和博への告白**
甲子園13本塁打の真実
清原和博、甲子園での十三本塁打。あの怪物との勝負は、打たれた投手たちに鮮烈な記憶を残し、後の人生をも左右した。三十年の時を経てライバルたちが語るあの時。（中村順司）
す-25-1

高野秀行
**辺境メシ**
ヤバそうだから食べてみた
カエルの子宮、猿の脳みそ、ゴリラ肉、胎盤餃子……。未知なる「珍食」を求めて、世界を東へ西へ。辺境探検の第一人者である著者が綴った、抱腹絶倒エッセイ！（サラーム海上）
た-105-1

中村　航
**赤坂ひかるの愛と拳闘**
北海道からボクシングチャンピオンを。その夢を叶えたただ一人の男・畠山と、ボクシング未経験の女性トレーナー・赤坂ひかるの二人三脚の日々。奇跡の実話を小説化。（加茂佳子）
な-52-3

野口美惠
**羽生結弦 王者のメソッド**
日本男子フィギュア初の五輪金メダル、世界記録更新――「僕はレジェンドになりたい」という少年が〝絶対王者〟に至るまでの軌跡、更なる高みに挑む姿を、本人の肉声とともに描く。
の-22-1

誉田《ほんだ》哲也
**武士道シックスティーン**
日舞から剣道に転向した柔の早苗と、剣道一筋、剛の香織。勝ち負けとは？　真の強さとは？　青春時代を剣道にかける女子をみずみずしく描く痛快・青春エンターテインメント。（金原瑞人）
ほ-15-1

益子浩一
**伏見工業伝説**
泣き虫先生と不良生徒の絆
「スクール☆ウォーズ」のモデルとなった伝説の伏見工業ラグビー部。0対112という屈辱の大敗から全国制覇へ。泣き虫先生の愛情と不良生徒たちの努力が起こした奇跡と絆の物語。
ま-42-1

（　）内は解説者。品切の節はご容赦下さい。

村上春樹
**シドニー！**
①コアラ純情篇
②ワラビー熱血篇
走る作家の極私的オリンピック体験記。二〇〇〇年九月、興奮と熱狂のダウンアンダー（南半球）で、アスリートたちとともに過ごした二十三日間——そのあれこれがぎっしり詰まった二冊。
む-5-5

村上春樹
**走ることについて語るときに僕の語ること**
八二年に専業作家になったとき、心を決めて路上を走り始めた。走ることは彼の生き方・小説をどのように変えてきたか？　村上春樹が自身について真正面から綴った必読のメモワール。
む-5-10

柳澤　健
**完本　1976年のアントニオ猪木**
アリ戦、ルスカ戦、ソンナン戦、ペールワン戦、1976年に猪木が戦った伝説の4試合を徹底検証した傑作ノンフィクション。文庫化に際し猪木氏のインタビューを収録。（海老沢泰久）
や-43-1

柳澤　健
**1984年のUWF**
八〇年代に熱狂的な人気を博した伝説のプロレス団体、UWFを新たな視点で描き、大反響を呼んだ傑作ノンフィクション。文庫版特典「クリス・ドールマンとの一問一答」を付す。
や-43-3

柳澤　健
**2011年の棚橋弘至と中邑真輔**
総合格闘技の台頭で猪木が主導した路線は頓挫した。そんなプロレス界を救うべく立ち上がった二人の天才。だが、彼らが歩んだのは果てしなく続くイバラの道だった。（西　加奈子）
や-43-4

若林正恭
**表参道のセレブ犬とカバーニャ要塞の野良犬**
「別のシステムで生きる人々を見たい」。多忙な著者は5日間の夏休み、一人キューバに旅立った。特別書下ろし3編「モンゴル」「アイスランド」『コロナ後の東京』収録。（DJ松永）
わ-25-1

安野光雅
**絵のある自伝**
昭和を生きた著者が出会い、別れていった人々との思い出をユーモア溢れる文章と柔らかな水彩画で綴る初の自伝。心温まる追憶は時代の空気を浮かび上がらせ、読む者の胸に迫る。
あ-9-7

阿川佐和子
**バイバイバブリー**
根がケチなアガワ、バブル時代の思い出といえば…。あのフワフワと落ち着きのなかった時を経て沢山の失敗もしたから分かる、今のシアワセ。共感あるあるの、痛快エッセイ！
あ-23-27

浅田次郎
**君は嘘つきだから、小説家にでもなればいい**
裕福だった子供時代、一家離散の日々で身につけた習慣、二人の母のこと、競馬、小説。作家・浅田次郎を作った人生の諸事が綴られた文章に酔いしれる、珠玉のエッセイ集。
あ-39-14

浅田次郎
**かわいい自分には旅をさせよ**
京都、北京、パリ……誰のためでもなく自分のために旅をし、日本を危うくする「男の不在」を憂う。旅の極意と人生指南がつまった、笑いと涙の極上エッセイ集。幻の短篇、特別収録。
あ-39-15

安野モヨコ
食べ物連載
**くいいじ**
激しく〆切中でもやっぱり美味しいものが食べたい！　昼ごはんを食べながら夕食の献立を考える食いしん坊な漫画家・安野モヨコが、どうにも止まらないくいいじを描いたエッセイ集。
あ-57-2

朝井リョウ
**時をかけるゆとり**
カットモデルを務めれば顔の長さに難癖つけられ、マックで休憩すれば黒タイツおじさんに英語の発音を直され。『学生時代にやらなくてもいい20のこと』改題の完全版。（光原百合）
あ-68-1

朝井リョウ
**風と共にゆとりぬ**
レンタル彼氏との対決、会社員時代のポンコツぶり、ハワイへの家族旅行、困難な私服選び、税理士の結婚式での本気の余興、壮絶な痔瘻手術体験など、ゆとり世代の日常を描くエッセイ。
あ-68-4

# 本の話

読者と作家を結ぶリボンのようなウェブメディア

文藝春秋の新刊案内と既刊の情報、
ここでしか読めない著者インタビューや書評、
注目のイベントや映像化のお知らせ、
芥川賞・直木賞をはじめ文学賞の話題など、
本好きのためのコンテンツが盛りだくさん！

https://books.bunshun.jp/

文春文庫の最新ニュースも
いち早くお届け♪

文春文庫のぶんこアラ